Ein Cluster erstellen

Ziel: Ideen und Gedanken zu einem Thema sammeln und aufschreiben

Frage: Was fällt mir zum Thema ein? Welche Gedanken habe ich?

– Ich nehme ein leeres Blatt Papier und zeichne einen Kreis in die Mitte.
– Das Thema, meistens nur ein Wort, schreibe ich in den Kreis.
– Meine erste Idee notiere ich in einen neuen Kreis und verbinde diesen mit dem Thema.

– Alles, was zu meiner ersten Idee passt, verbinde ich in einer „Gedankenkette".

– Eine neue Idee ist der Anfang einer weiteren „Gedankenkette".

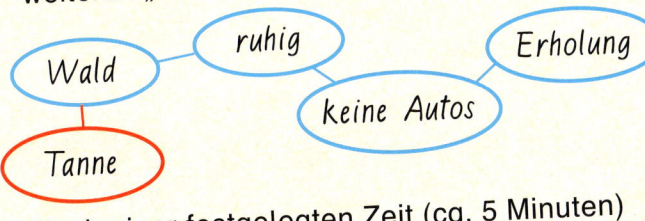

– Nach einer festgelegten Zeit (ca. 5 Minuten) höre ich mit dem Schreiben auf.

> Ihr könnt ein Cluster auch in einer Gruppe erstellen.

Ein Placemat durchführen

Ziel: sich auf die wichtigsten Aussagen zu einem Thema in einer Dreier- oder Vierergruppe festlegen

Frage: Welche Aussagen sind für uns am Wichtigsten?

– Alle Gruppen zeichnen sich ein Placemat.
– Dann trägt jedes Kind seine Gedanken zum Thema in sein Feld ein.
– Anschließend trägt jeder in der Gruppe vor, was er geschrieben hat.
– Im Gespräch einigen sich alle Gruppenmitglieder auf das, was am Wichtigsten ist. Einer notiert diese Punkte in der Mitte, ein anderer trägt sie vor.

Eine Tabelle anlegen

Ziel: wichtige Informationen sammeln und ordnen, um sie miteinander zu vergleichen

Frage: Welche Informationen brauche ich? Wie ordne ich sie?

– Ich entscheide mich für ein Thema.
– Ich überlege, wie viele Zeilen und Spalten ich brauche.
– Ich zeichne eine Tabelle und trage meine Informationen oder Beobachtungen ein:

Spalte

Zeile

Zum Schluss vergleiche ich meine Eintragungen und werte sie aus.

Diese Neubearbeitung basiert auf der ersten Ausgabe des Werkes,
erarbeitet von Andrea Auring, Susanne Dörfler, Ulrike Egger, Claudia Feldbauer,
Christine Häfele, Maria Hallitzky, Siegfried Herrmann, Sigrid Knöpfle, Monika
Kollmaier, Ulrike Stiepani, Karola Valdix.

Redaktion: Ute Busche, München
Illustration: Lisa Althaus, Jörg Hartmann, Gabriele Heinisch, Barbara Jung,
Rita Mühlbauer, Petra Paffenholz, Wilfried Poll, Thilo Pustlauk, Anke Schäfer,
Detlef Seidensticker
Umschlagkonzept: Mendell & Oberer, München
Umschlaggestaltung: Lisa Neuhalfen, Berlin
Umschlagfoto: © niderlander – Shutterstock.com
Layout und technische Umsetzung: Lisa Neuhalfen, Berlin

www.cornelsen.de

Dieses Werk enthält Vorschläge und Anleitungen für Untersuchungen und
Experimente. Vor jedem Experiment sind mögliche Gefahrenquellen zu
besprechen. Beim Experimentieren sind die Richtlinien zur Sicherheit im
naturwissenschaftlichen Unterricht einzuhalten.

1. Auflage, 7. Druck 2024

Alle Drucke dieser Auflage sind inhaltlich unverändert
und können im Unterricht nebeneinander verwendet werden.

Druck und Bindung: Livonia Print, Riga

ISBN 978-3-637-01690-3 (Schülerbuch)
ISBN 978-3-637-02226-3 (E-Book)

PEFC zertifiziert
Dieses Produkt stammt aus nachhaltig
bewirtschafteten Wäldern und kontrollierten
Quellen.

PEFC™
PEFC/12-31-006

www.pefc.de

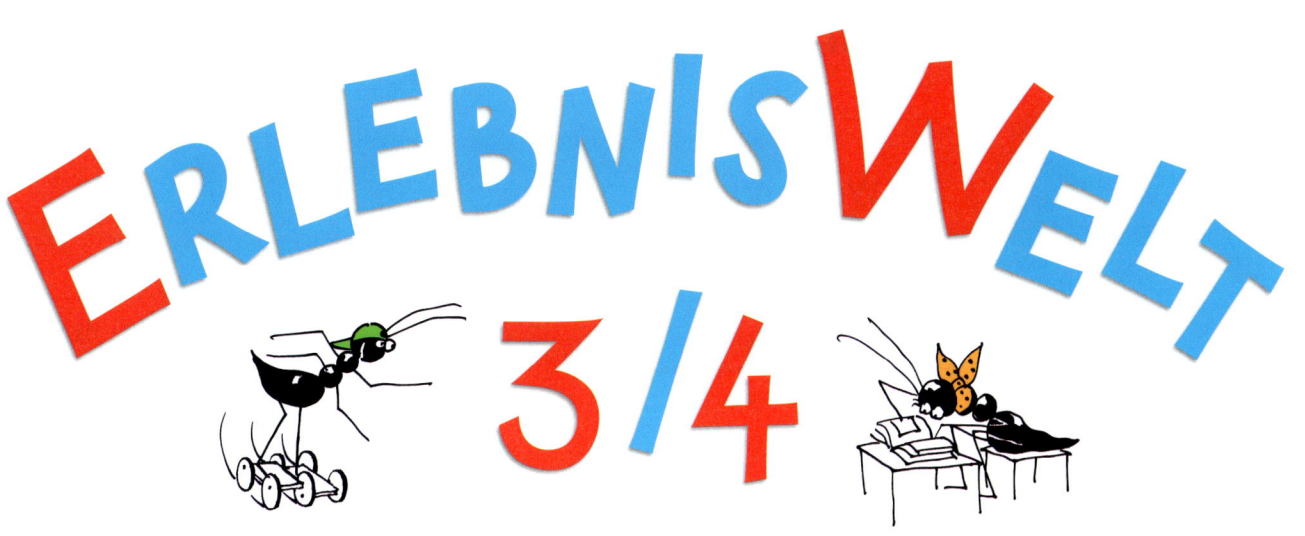

ErlebnisWelt 3/4

Heimat- und Sachunterricht
für die Grundschule

erarbeitet von
Ulrike Egger, Lauingen
Frank Elseberg, Weißenhorn
Claudia Feldbauer, Passau
Maria Hallitzky, Neuburg/Inn
Monika Kollmaier, Passau
Apollonia Prifling, Dillingen
Karola Valdix, Neu-Ulm

illustriert von
Lisa Althaus
Jörg Hartmann
Gabriele Heinisch
Barbara Jung
Rita Mühlbauer
Petra Paffenholz
Wilfried Poll
Thilo Pustlauk
Anke Schäfer
Detlef Seidensticker

Oldenbourg Schulbuchverlag, München

Inhaltsverzeichnis

Die Welt und wir

Miteinander leben

Lebensraum Wald

Zeit vergeht

Ich bin Amanda. Und das ist mein Freund Anton.

Wir wollen mit dir forschen, lernen und die Welt entdecken.

Gesund sein und sich wohlfühlen

Sehen

Medien und Freizeit

Unsere Lebensmittel

Stoffe und Energie

Wasser

Lebensraum Bach

Leben in der Gemeinde

Bauen und konstruieren

6

Orientierung

Mobilität und Umweltschutz

Technik und Kultur

Verkehrserziehung

Anton und Amanda

Bayern – Deutschland

Bayern liegt im Südosten Deutschlands. Es ist von der Fläche her das größte Bundesland. Die Landeshauptstadt heißt München, sie hat ungefähr 1,5 Millionen Einwohner. In Bayern liegt Deutschlands höchster Berg, die Zugspitze. Er ist 2962 m hoch. Der größte und wichtigste Fluss Bayerns ist die Donau.

Bayern-Karte:

Unterfranken · Frankenwald · Hof · Oberfranken · Fichtelgebirge · Aschaffenburg · Schweinfurt · Würzburg · Bamberg · Bayreuth · Erlangen · Mittelfranken · Fürth · Nürnberg · Oberpfälzer Wald · Ansbach · Fränkische Alb · Oberpfalz · Regen · Naab · Böhmerwald · Regensburg · Bayerischer Wald · Ingolstadt · Niederbayern · Donau · Isar · Passau · Altmühl · Kanal · Donau · Augsburg · Landshut · Amper · Inn · Schwaben · Oberbayern · Lech · Wertach · München · Rosenheim · Iller · Kempten · Bodensee · Bayerische Alpen · Zugspitze

Legende:

——	Staatsgrenze
——	Landesgrenze
München	Landeshauptstadt
——	Regierungsbezirksgrenze
Schwaben	Name eines Regierungsbezirks
Landshut	Hauptstadt eines Regierungsbezirks
Fichtelgebirge	Gebirge

Höhenschichten

Farbe	Höhe
	unter 200 m
	200 - 500 m
	500 - 1000 m
	1000 - 2000 m
	über 2000 m

0   25   50   75   100 km

Wappen:

Oberbayern

Schwaben  · Niederbayern

Oberfranken  · Oberpfalz

Unterfranken  · Mittelfranken

Legende (Deutschland-Karte):

——	Staatsgrenze
——	Landesgrenze
Mainz	Landeshauptstadt
	Stadt über 500 000 Einwohner
•	Stadt über 100 000 Einwohner
Rhön	Gebirge

0   25   50   75   100 km

Deutschland-Karte:

DÄNEMARK · Ostsee · Nordsee · Kiel · Schleswig-Holstein · Lübeck · Rostock · Mecklenburg-Vorpommern · Hamburg · Schwerin · Bremerhaven · Bremen · Oldenburg · Niedersachsen · Elbe · Oder · POLEN · Ems · Weser · Potsdam · Berlin · Havel · Spree · NIEDERLANDE · Hannover · Mittelland Kanal · Osnabrück · Brandenburg · Bielefeld · Braunschweig · Magdeburg · Münster · Teutoburger Wald · Hildesheim · Sachsen-Anhalt · Dessau · Neiße · Cottbus · Nordrhein- · Hamm · Lippe · Paderborn · Göttingen · Harz · Halle · Leipzig · Duisburg · Bochum · Essen · Dortmund · Ruhr · Düsseldorf · Westfalen · Kassel · Erfurt · Jena · Sachsen · Dresden · Wuppertal · Leverkusen · Saale · Gera · Chemnitz · Elbe · Mö.-Gladb. · Köln · Rheinisches Schiefergebirge · Thüringen · Zwickau · Aachen · Bonn · Westerwald · Thüringer Wald · Erzgebirge · Hessen · Fulda · Werra · Eifel · Koblenz · Taunus · Wiesbaden · Rhön · Frankenwald · TSCHECHISCHE REPUBLIK · BELGIEN · Rheinland-Pfalz · Frankfurt · Spessart · Fichtelgebirge · Mosel · Mainz · Main · Würzburg · Oberpfälzer Wald · Hunsrück · Darmstadt · Mannheim · Erlangen · Böhmerwald · LUXEMBURG · Nahe · Nürnberg · Saarland · Kaiserslautern · Fürth · Fränkische Alb · Bayerischer Wald · Saarbrücken · Heidelberg · Bayern · Pfälzer Wald · Karlsruhe · Heilbronn · Regensburg · Donau · Pforzheim · Stuttgart · Kanal · Neckar · Ingolstadt · Isar · Donau · FRANKREICH · Baden- · Schwäbische Alb · Augsburg · Inn · Schwarzwald · Ulm · Donau · München · ÖSTERREICH · Freiburg · Württemberg · Bayerische Alpen · Rhein · Zugspitze · SCHWEIZ

Europa

Island
Reykjavik

0   1000 km

Atlantischer Ozean

Norwegen
Bergen
Oslo

Schweden
Göteborg
Stockholm

Finnland
Helsinki

Wolga

Reval
Estland

Riga
Lettland

Moskau

Russland

Nordirland
Edinburgh
Belfast
Dublin
Irland

Groß-
britannien
Birmingham

Themse
London

Nordsee

Dänemark
Kopenhagen

Ostsee

Königsberg
z. Russland

Litauen
Wilna

Minsk

Weiß-
russland

Kursk

Amster-
dam
Nieder-
lande

Hamburg
Bremen
Brüssel
Düsseldorf
Belgien
Frankfurt
Luxemburg
Straßburg

Elbe
Berlin
Dresden
Rhein
Deutschland

Polen
Breslau
Weichsel
Warschau

Kiew
Dnjepr
Charkow

Lemberg
Ukraine
Donezk
Don

Nantes
Paris
Loire

Frankreich
Bordeaux
Lyon

Donau
Prag
Tschech.
Republik

München
Wien
Pressburg
Slowakei

Bern
Vaduz
Liechten-
stein
Schweiz
Österreich
Budapest

Moldawien
Chisinau
Odessa

Porto
Rhone
Po
Marseille

Slowenien
Laibach
Kroatien
Zagreb

Ungarn

Rumänien
Bukarest

Schwarzes Meer

Lissabon
Madrid
Portugal
Tejo
Ebro
Andorra
Barcelona
Spanien
Sevilla

Balearen

Monaco
S.Marino

Italien
Rom

Bosn.-
Hzgw.
Sarajewo

Belgrad
Serbien

Donau

Bulgarien
Sofia

Istanbul

Ankara
Kizilirmak

Korsika

Neapel

Monte-
negro
Podgorica
Tirana
Kosovo
Skopje
Make-
donien
Alba-
nien

Griechen-
land
Athen

Izmir

Türkei

Euphrat

Mittel
meer

Rabat

Algier

Sizilien
Palermo

Sardinien

Tunis
Valetta
Malta

Nikosia
Zypern

Syrien

Marokko
Algerien
Tunesien

| Deutschland **D** |  Frankreich **F** |  Italien **I** |  Schweiz **CH** |  Österreich **A** |  Tschechien **CZ** |  Serbien **SRB** |

| Türkei **TR** |  Griechenland **GR** |  Ungarn **H** |  Rumänien **RO** |  Albanien **AL** |  Irland **IRL** |  Montenegro **MNE** |

| Schweden **S** |  Niederlande **NL** |  Dänemark **DK** |  Polen **PL** |

Welche anderen europäischen
Flaggen kennst du noch?

Schlag nach und gestalte ein
Flaggenbuch.

Kontinent   Land   Europäische Union

9

Die Welt

Nordpolarmeer

Baffin Bay

GRÖNLAND (DÄNEMARK, Selbstverwaltung)

Spitzbergen (NORWEGEN)

Europäisches Nordmeer

Alaska (USA)

Yukon

Mackenzie

Nuuk

Reykjavik
ISLAND

NORWEGEN

SCHWEDEN

FIN-
LAND

KANADA

Hudson Bay

Nelson

DÄNEMARK

ESTL..
LETTL..
LITAL..

GROSS-
BRITANNIEN

IRLAND

NL
B.

Berlin
DEUTSCH-
LAND

POLEN

Ottawa St-Lorenz-Strom

VEREINIGTE STAATEN VON AMERIKA (USA)

Missouri

Washington

Colorado

Rio Grande

Mississippi

Atlantischer Ozean

Azoren (PORTUGAL)

PORTUGAL

SPANIEN

Donau
ÖSTERREICH UNGARN
SCHWEIZ
FRANK-
REICH
KROATIEN
ITALIEN

GRIECH-
LAND

Mittel-
meer

Tunis

Algier
Rabat

TUNESIEN

Tripolis

MAROKKO

Kanarische Inseln (SPANIEN)

El-Aaiún

ALGERIEN

LIBYEN

Golf von Mexiko

Nassau
BAHAMAS

WESTSAHARA

MEXIKO

Havanna

KUBA

Mexiko-Stadt

BELIZE
Belmopan

Port-au-
Prince

JAMAIKA

HAITI

DOMINIKANISCHE REPUBLIK

Sto. Domingo

PUERTO RICO (USA)

MAURETANIEN
Nouakchott

MALI

NIGER

TSCHA..

GUATEMALA
Guatemala

HONDURAS
Tegucigalpa

KAP VERDE
Praia

SENEGAL
Dakar

Niger

N'Djamen

EL SALVADOR
San Salvador

NICARAGUA
Managua

GAMBIA

Bamako

BURKINA
FASO

Niamey

NIGERIA

COSTA RICA
San José

Panamá

TRINIDAD U. TOBAGO
Port-of-Spain

GUINEA-BISSAU

Ouagadougou

Abuja

PANAMA

VENEZUELA
Caracas

Conakry

GUINEA

Lomé
Accra

Porto Novo

KAMERUN

Bogotá

Georgetown
Paramaribo
GUYANA
SURINAME

FRANZ.-GUAYANA
Cayenne

Freetown
SIERRA LEONE
Monrovia
LIBERIA

Yamoussoukro
CÔTE D'IVOIRE
GHANA
TOGO
BENIN

Jaunde

Banc..

KOLUMBIEN

Quito
ECUADOR

Äquator

ÄQUATORIAL-
GUINEA
GABUN
Libreville

REPUBLIK KONGO
Brazzaville

Kon..

DEN..
KRATISC..
REPUB..
KON..

Rio Negro

Amazonas

Madeira

Tocantins

BRASILIEN

Luanda

PERU
Lima

São Francisco

Pazifischer Ozean

BOLIVIEN
Sucre

Brasilia

ANGOLA

Paraguay

Paraná

PARAGUAY
Asunción

Atlantischer Ozean

NAMIBIA
Windhoek

B..
TS..
N..

Gaboron..

Santiago de Chile

URUGUAY

Buenos Aires
Montevideo

SÜD
AFRI..

CHILE

ARGENTINIEN

Falkland-Inseln (GROSSBRITANNIEN)

Nordpolarmeer

KANADA

Alaska (USA)

Yukon

Beringmeer

Aleuten

RUSSLAND

Jenissei

Lena

Kolyma

Ob

Irtysch

Angara

Amur

Ochotskisches Meer

Wolga

Moskau

SS-SLAND

Kiew
UKRAINE

Astana

KASACHSTAN

Ulan-Bator

MONGOLEI

Bishkek

Peking

NORDKOREA
Pjöngjang

JAPAN

Schwarzes Meer

GEORGIEN

Tiflis

Kaspisches Meer

USBEKISTAN

Taschkent

KIRGISISTAN

Ussuri

Seoul

SÜDKOREA

Tokio

ZYPERN

Ankara

AR. AS

TURKMENISTAN

Asgabad

TADSCHIKISTAN

Dushanbe

Hwangho

CHINA

Jangtsekiang

Pazifischer Ozean

TÜRKEI

SYRIEN

Beirut

Damaskus

Kabul

Teheran

Taipeh

LIBANON

Amman

Bagdad

IRAK

IRAN

AFGHANISTAN

Islamabad

TAIWAN

iro

Jerusalem

ISRAEL

JORDANIEN

KUWAIT

PAKISTAN

Indus

Brahmaputra

NEPAL

Thimphu

ÄGYPTEN

SAUDI-
ARABIEN

KATAR

Riad

Abu Dhabi

V.A.E.

Maskat

Delhi

Kathmandu

Ganges

BHUTAN

Dhaka

BANGLA-
DESCH

Hanoi

Mekong

Ost-chinesisches Meer

Nil

Rotes Meer

OMAN

INDIEN

MYAN-
MAR

LAOS

Vientiane

Süd-chinesisches Meer

Arabisches Meer

Golf von Bengalen

Naypyidaw

VIETNAM

PHILIPPINEN

SUDAN

hartum

ERITREA

Asmara

Sanaa

JEMEN

DSCHIBUTI

THAILAND

Bangkok

KAMBOD-
SCHA

Manila

Addis
Abeba

SÜDSUDAN

ÄTHIOPIEN

Juba

SOMALIA

SRI LANKA

Phnom
Penh

Colombo

MALEDIVEN Male

MIKRONESIEN

Pohnpei

UGANDA

KENIA

Mogadischu

MALAYSIA

BRUNEI

Kuala Lumpur

ampala

gali

RUANDA

Nairobi

Kuala Lumpur

SINGAPUR

BURUNDI

Dodoma

SEYCHELLEN

Victoria

TANSANIA

Jakarta

INDONESIEN

PAPUA-
NEUGUINEA

Dili

OSTTIMOR

SALO-
MONEN

Honiara

MALAWI

Lilongwe

MBIA

saka

Port Moresby

MOSAMBIK

Antananarivo

Indischer Ozean

Korallensee

Harare

SIMBABWE

Port Louis

MAURITIUS

retoria

MADAGASKAR

AUSTRALIEN

Maputo

SWASILAND

LESOTHO

Abkürzungen

AR. ARMENIEN
AS. ASERBAIDSCHAN
B. BELGIEN
NL NIEDERLANDE
V.A.E. VEREINIGTE ARABISCHE EMIRATE

Darling

Tasmansee

NEUSEELAND

Canberra

Wellington

Was bedeutet das Bildchen neben der Seitenzahl?

Schau auf die Karte im Umschlag vorn oder hinten.

0   4000 Km

Feste hier und anderswo

Mai

Zum Tag des Kindes werden in Japan Fahnen in Karpfenform vor jedem Haus aufgehängt. Sie heißen Koinobori. Der Vater bekommt einen großen schwarzen, die Mutter einen roten und jeder Sohn einen blauen. Die Karpfengröße richtet sich nach dem Alter. Früher bekamen Mädchen keinen Karpfen, das ist heute nicht mehr so.

Juni

Im Juni wird in Schweden das Mittsommerfest gefeiert.

April

Am 27. April wird in den Niederlanden der Koningsdag gefeiert. Der niederländische König Willem-Alexander hat an diesem Tag Geburtstag. Viele Niederländer ziehen sich orange Kleidung an. Dies ist die Farbe des Königshauses.

März

In den Monaten März, April oder Mai wird das Osterfest in allen christlichen Ländern gefeiert. In Griechenland ist Ostern das wichtigste Fest im ganzen Jahr.

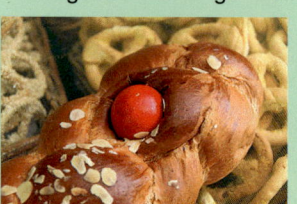

In Russland bringt Väterchen Frost zusammen mit seiner Enkelin Schneeflöckchen die Geschenke erst am 1. Januar.

Februar

In vielen Ländern feiern die Menschen Fasching, Fasnacht oder Karneval, bevor die 40-tägige Fastenzeit beginnt. Besonders berühmt sind der Karneval in Venedig und in der brasilianischen Stadt Rio de Janeiro.

Bei uns gehen die Sternsinger am 6. Januar von Haus zu Haus.

Januar

Welche Feste feiert ihr zuhause?
Gestaltet in der Klasse einen Kalender zu den Festen in der Welt.

Kennst du Feste, die jedes Jahr an einem anderen Tag gefeiert werden?
Finde heraus, wann in diesem Jahr der Fastenmonat Ramadan beginnt und wann das Opferfest gefeiert wird.

Juli

Das Kaltenberger Ritterturnier findet jedes Jahr in der Nähe von Landsberg am Lech statt. Dort wird unterhalb des Kaltenberger Schlosses ein mittelalterlicher Markt aufgebaut. Du kannst dich sogar zum Ritter schlagen lassen. Beim Ritterturnier in der riesigen Arena kannst du beobachten, wie die Ritter in ihrer glänzenden Rüstung mit einer Lanze bewaffnet gegeneinander kämpfen.

August

Am 15. August wird Mariä Himmelfahrt gefeiert. In Deutschland ist dieser Tag nur in Bayern und im Saarland ein Feiertag. In Italien feiert man ihn mit einem großen Familienfest.

September

In München gibt es das größte Volksfest der Welt. Es heißt Oktoberfest. Von den Münchnern wird es auch Wiesn genannt, weil es auf der Theresienwiese stattfindet. Am ersten Wiesn-Sonntag ziehen 8000 Teilnehmer in ihren historischen Festtagstrachten bis zur Theresienwiese.

Das Fest beginnt im September. Es dauert 16 Tage und endet immer am ersten Sonntag im Oktober. Deswegen heißt es Oktoberfest.

Am 31. Oktober wird in Amerika Halloween gefeiert. Halloween ist der Vorabend zum Allerheiligenfest am 1. November. Die Kinder ziehen am Abend des 31. Oktober von Haus zu Haus und bitten unter Androhung von Streichen um Süßigkeiten. Außerdem sammeln sie Spenden für UNICEF, eine Organisation, die sich um Kinder in der ganzen Welt kümmert.

Oktober

Am 24., 25. und 26. Dezember feiern viele Menschen Weihnachten. Diese Tage sind in allen christlichen Ländern der Welt ganz besondere Tage.

Am 11. November wird bei uns Sankt Martin gefeiert.

November

Im Dezember feiern Menschen jüdischen Glaubens Chanukka, das Lichterfest. Dabei wird ein acht-armiger Kerzenleuchter entzündet.

Thanksgiving ist das amerikanische Erntedankfest und wird am letzten Donnerstag im November mit Truthahn und Kürbiskuchen gefeiert. Es ist das wichtigste Familienfest der Amerikaner.

Dezember

Jahreskreis   Monate   Feiertag   Kalender   13

Kinder haben Rechte

Nicht nur die Erwachsenen haben Rechte,
auch DU hast welche.
Diese Rechte der Kinder wurden am 20.11.1989
in einer Konferenz festgelegt.
Fast alle Länder der Erde, bis auf die USA,
Somalia und der Süd-Sudan, haben einen Vertrag
über diese Rechte unterzeichnet.
Der Vertrag umfasst insgesamt 54 Kinderrechte.

Alle Kinder haben das Recht,
zur Schule zu gehen und etwas zu lernen.

Jedes behinderte Kind hat das Recht auf
zusätzliche Unterstützung und Hilfe.

Jeder hat das Recht,
seine Meinung frei zu äußern.

Jedes Kind hat das Recht, mit seiner Mutter oder seinem Vater
zusammenzuleben. Das gilt auch, wenn diese getrennt wohnen.

Gesetz   Rechte   Pflichten

Jedes Kind hat das Recht auf private Bereiche.
Niemand darf gegen deinen Willen dein Tagebuch lesen
oder deine Post öffnen.

Alle Kinder haben das Recht auf
Spiel und Freizeit.

Jeder hat das Recht, gleich behandelt zu werden.
Niemand darf wegen seines Geschlechts, seines Aussehens,
seiner Hautfarbe, seiner Sprache, seiner Religion oder
seiner Meinung benachteiligt oder bevorzugt werden.

Jedes Kind hat das Recht auf Schutz und
Hilfe, wenn es schlecht behandelt wird.

Alle Kinder haben das Recht, nicht geschlagen zu
werden. Gewalt gegen Kinder ist verboten. Kein
Kind darf zu etwas gezwungen werden, was es
nicht will oder wovor es sich ekelt.

Alle haben das Recht, Beruf, Arbeitsplatz
und Ausbildungsstätte frei zu wählen.

Ich bin ein Kind und wünsche mir von den Erwachsenen, alleine wegfahren zu dürfen, wohin ich will.

Ich bin ein Kind und möchte Spaß. Vor allem aber brauche ich Zuneigung und Liebe. Toll wäre es auch, wenn meine Eltern mehr Zeit für mich hätten.

ICH BIN EIN KIND UND WÜNSCHE MIR VON DEN ERWACHSENEN, SO LANGE AUFBLEIBEN ZU DÜRFEN, WIE ICH WILL.

Welche dieser Wünsche werden die Erwachsenen
erfüllen? Welche nicht?
Sprecht in der Klasse und begründet eure Meinung.

Kinder in der Welt

Schulgeld   Schuluniform

In welchen Ländern leben diese Kinder?
Wie verbringen sie ihren Tag?

Wie lebst du?
Findest du Ähnlichkeiten oder Unterschiede?

Mensa   Schulmaterialien   17

Andere Länder – andere Sitten

Das gemeinsame Essen hat auf der ganzen Welt eine große Bedeutung. Es zeigt, dass man zusammen gehört – in der Familie, in der Schule, im Sportverein oder im Freundeskreis. Beim Essen unterhält man sich, lacht oder erzählt den anderen, was man erlebt hat. Jemanden zum Essen einzuladen bedeutet: „Willkommen!" Es schafft Freunde und macht außerdem viel Freude. In jedem Land gibt es andere Tischsitten, die jeder kennen sollte, wenn er Gäste aus diesem Land zu Besuch hat.

Peru gilt als Heimat der Kartoffel. Sie ist das Hauptnahrungsmittel. Außerdem essen die Menschen dort viel Mais und andere Gemüsesorten. Auch Reis- und Fleisch- oder Fischgerichte werden gerne gegessen. Dafür züchten die Peruaner Lamas, Alpakas und Meerschweinchen. Die Tischsitten sind unseren sehr ähnlich.

Guten Appetit!

In **Syrien** wird spät gegessen. Das Mittagessen findet oft erst zwischen 14.00 und 15.00 Uhr statt. Das Abendessen wird nach 22 Uhr serviert, also zu einer Zeit, wenn bei uns viele schon schlafen. Als Vorspeise (Mezze) gibt es viele verschiedene Brotaufstriche. Gegessen werden diese mit einem Stück Brot, das wie ein Besteck benutzt wird. Verschiedene Fisch- und Fleischgerichte mit Reis oder Kartoffeln bilden die Hauptspeise. In Syrien trinken die Menschen sehr gerne Kaffee oder Tee. Wasser sollte nicht aus der Leitung getrunken werden.

¡Buen provecho!

Essgewohnheiten   Tischsitten   Geschirr
Besteck   Serviette

hadakaimasu

Anders als bei uns in Europa wird das Essen in **Japan** nicht auf einem Teller, sondern in vielen kleinen Schalen angerichtet. Alle Speisen werden auf einmal an den Tisch gebracht und serviert. Zu einem japanischen Gericht gehören immer: Reis, klare Suppe, roher und gekochter Fisch oder auch Fleisch. Gewürzt wird mit Sojasauce. Es gibt keine feste Reihenfolge, in der man die Speisen essen muss. Zwischen jedem Bissen isst man etwas Reis, weil die anderen sonst denken, dass man gierig ist. Nachtisch gibt es in Japan nicht.

Sakha

Karibu

Welche Tischsitten und Essgewohnheiten gibt es in anderen Ländern noch?
Fragt nach und informiert euch.

Sucht nach Essbesteck oder Geschirr, das in einem anderen Land viel benutzt wird.

Stellt die Gegenstände in der Klasse oder in eurer Schule aus.

Auf der Flucht

Mehr als 50 Millionen Menschen sind weltweit auf der Flucht. Sie flüchten vor Armut oder Krieg in ihrem Heimatland. Besonders viele Familien kommen aus Syrien, Afghanistan und Somalia zu uns nach Europa.

Jasamin und Junes sind mit ihren Eltern und ihrem kleinen Bruder wegen des Krieges in Afghanistan nach Deutschland geflohen. Sie leben seit einem Jahr in einer kleinen Stadt in Bayern und gehen dort in die Schule. Jasamins Freundin Leonie interviewt die Kinder für einen Beitrag in der Schülerzeitung.

Leonie: Eure Familie kommt aus Afghanistan. Wie habt ihr dort gelebt?

Jasamin: In Afghanistan herrscht schon lange Krieg. Es war sehr gefährlich auf die Straße zu gehen, weil draußen geschossen wurde und Bomben explodierten. Ich konnte nicht mehr zur Schule gehen und meine Freunde besuchen. Viele Häuser sind abgebrannt und Straßen wurden zerstört. Oft war es auch schwierig für uns, Essen einzukaufen. Wir hatten immer Angst, dass uns etwas passiert. Deswegen haben meine Eltern beschlossen zu fliehen.

Leonie: Was habt ihr auf eurer Flucht mitnehmen können?

Junes: Wir haben nur etwas Kleidung und etwas zu essen in einem Rucksack mitnehmen können.

Leonie: Wie habt ihr euch gefühlt, als ihr euch von euren Freunden und Verwandten verabschiedet habt?

Jasamin: Niemand durfte von unserer Flucht wissen. Es hat mich sehr traurig gemacht, dass ich mich nicht von meiner Freundin und meinen Großeltern verabschieden konnte.

Leonie: Wie seid ihr nach Deutschland gekommen?

Junes: Wir flüchteten über den Iran, die Türkei, Bulgarien, Mazedonien, Serbien, Ungarn und Österreich nach Deutschland. Sechs Monate lang waren wir mit unserer Familie auf der Flucht. Entweder waren wir nachts zu Fuß in den Bergen unterwegs, oder wir wurden in Autos von Schleppern versteckt. In den Bergen lag noch Schnee, es war bitterkalt und wir kamen nur langsam vorwärts. Dabei ist unser Vater einmal ausgerutscht und den Hang hinuntergestürzt. Wir haben laut nach ihm gerufen, weil wir ihn in der Dunkelheit nicht sehen konnten. Kannst du dir vorstellen, wie erleichtert wir waren, als er zu uns zurückkam? Leider verlor er bei seinem Sturz den Rucksack und wir hatten nichts mehr zu essen. Auch die Tabletten für unseren kranken Bruder waren weg. Wir waren so glücklich, als wir nach diesen schrecklichen Monaten in München angekommen sind.

Durch welche Länder sind Junes und Jasamin auf ihrer Flucht gekommen? Verfolge ihren Weg auf einer Weltkarte.

Leonie: Wo wohnt ihr jetzt?

Jasamin: Wir wohnen in einer Gemeinschaftsunterkunft mit anderen Flüchtlingen zusammen. Zu Hause hatten wir ein kleines Haus mit einem Garten. Hier haben wir zwei Zimmer. Die Küche teilen wir uns mit den anderen vierzig Flüchtlingen. Das ist nicht immer leicht. Unsere Mama muss immer warten, bis eine Herdplatte zum Kochen frei ist.

Leonie: Leben dort auch andere Kinder? Welche Sprache sprechen sie?

Jasamin: Hier leben außer mir und meinen Brüdern noch elf Kinder. Sie sprechen persisch und arabisch. Wir sprechen aber auch auf Deutsch miteinander.

Leonie: Wie gefällt es euch in der Schule?

Junes: In der Schule ist es toll. Ich lerne gerne Deutsch, damit ich mich mit meinen neuen Freunden unterhalten und Bücher aus der Schülerbücherei ausleihen kann.

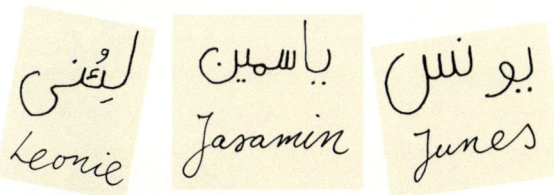

Jasamin: Ich freue mich auch immer, wenn wir mit der Klasse schwimmen gehen.

Leonie: Was macht ihr nach dem Unterricht?

Jasamin: Nach der Schule gehen wir in die Tagesstätte. Dort essen wir zu Mittag. Ich habe auch schon ein neues Lieblingsgericht: Kaiserschmarrn mit Apfelmus. Danach erledigen wir unsere Hausaufgaben. Wenn wir Fragen haben, helfen uns die Betreuer. Dort lerne ich auch Gitarre spielen.

Leonie: Fühlt ihr euch wohl in Deutschland?

Jasamin: Mir gefällt es hier sehr gut. Die meisten Mitschüler sind nett zu mir. Ich habe ein eigenes Fahrrad und kann damit sorglos herumfahren. Hier muss ich keine Angst vor Krieg haben.

Leonie: Was wünscht ihr euch für die Zukunft?

Jasamin: Ich möchte meine Großeltern wieder sehen.

Junes: Ich wünsche mir, dass wir nicht wieder zurückgeschickt werden. Meine Eltern sollen eine Arbeit finden. Dann könnten wir eine Wohnung für uns alleine haben.

Aus welchen Ländern kommen die Kinder eurer Klasse? Sucht ihre Geburtsorte auf der Weltkarte.

Sind alle Kinder, die aus anderen Ländern zu uns kommen, Flüchtlinge?

Ist auch ein Flüchtlingskind in eurer Klasse? Möchte es eure Fragen zu seiner Flucht beantworten?
Bedenke: Oft haben Flüchtlingskinder schreckliche Dinge erlebt. Sie wollen darüber vielleicht nicht mit dir sprechen.

Erkundigt euch, woher eure Großeltern und Urgroßeltern stammen. Hatten auch sie Gründe, ihre Heimat zu verlassen? Interviewt sie.

Spannt auf einer Landkarte mithilfe von Fäden und Nadeln ihre Wege nach, die sie an ihren jetzigen Wohnort geführt haben.

Wie gelingt das Zusammenleben in der Schule?

Wir alle wünschen uns eine Schule, in der wir uns wohl fühlen und ungestört lernen können. Wir wollen rücksichtsvoll miteinander umgehen und uns sicher fühlen. Damit dies gelingt, gibt es Regeln, an die sich alle halten müssen. Deshalb hat jede Schule eine Hausordnung oder eine Schulverfassung.

Hier kannst du Auszüge einer Schulverfassung lesen.
Welche Regeln sind für eure Klasse wichtig?
Diskutiert in der Gruppe.

Auch Klassendienste erleichtern das Zusammenleben.
Ein Kind ist für das Putzen der Tafel verantwortlich,
ein anderes kümmert sich um die Pflanzen oder
ist für die Mülltrennung zuständig.
Welche Klassendienste
gibt es bei euch?

SCHULVER

Ich bin bereit, mit allen gut auszukommen.

⭐ Ich bin nett zu anderen Menschen, auch wenn sie anders sind als ich.

⭐ Ich verhalte mich friedlich und vermeide unnötigen Streit.

⭐ Ich frage um Erlaubnis, bevor ich Dinge von anderen ausleihe und gehe vorsichtig mit ihnen um.

⭐ Ich …

Ich trage dazu bei, dass in unserer Schule alle ungestört lernen können.

⭐ Ich komme am Morgen und nach der Pause pünktlich ins Klassenzimmer.

⭐ Ich lasse andere ausreden und melde mich, wenn ich etwas sagen will.

⭐ Ich …

Streitschlichter

Hier ist eine Regel als Motto der Woche gestaltet:

Wir grüßen uns

Ich höre

Guten Morgen

Grüß Gott

Auf Wiedersehen

Ich sehe

freundliches Gesicht

Körper sind einander zugewendet

Augen schauen sich an

Jedes Kind in deiner Klasse kommt mit den vereinbarten Regeln anders zurecht. Manchen fällt es leicht, sich an die Regeln für ein harmonisches Zusammenleben zu halten.
Manche Jungen und Mädchen müssen an ihrem Verhalten arbeiten und brauchen dabei die Unterstützung von Mitschülern und Lehrern.

Schätze dich selbst ein:

Welche Regeln kannst du immer einhalten?

Welche Regeln gelingen oft?

Welche Regeln bereiten dir Probleme?

FASSUNG

Ich achte darauf, dass unsere Schule sauber bleibt.

⭐ Ich passe auf, dass Boden, Wände und Möbel sauber bleiben.

⭐ Ich halte die Toiletten sauber und verschwende kein Toilettenpapier.

⭐ Ich …

Ich helfe mit, dass unsere Schule für alle Kinder und Lehrer ein sicherer Ort ist.

⭐ Ich gehe langsam durch das Schulhaus und nehme Rücksicht auf andere.

⭐ Ich benutze mein Stopschild, wenn mich andere ärgern oder mir zu nahe kommen.

⭐ Ich sage meinem Lehrer, wenn mir oder anderen etwas passiert, was nicht richtig ist.

⭐ Ich …

23

Wahl im Klassenzimmer

Am Anfang eines Schuljahres wählen alle Kinder einer Klasse
eine Klassensprecherin oder einen Klassensprecher.
Klassensprecher haben verschiedene **Aufgaben**:
Wünsche und auch Beschwerden der Klasse an den Lehrer weitergeben, Streit schlichten oder die Klasse im Schülerrat vertreten.

Sammelt weitere Aufgaben und schreibt sie auf ein Plakat.
Verteilt dann an jedes Kind drei Klebepunkte.
Klebt sie zu den Aufgaben, die jeder von euch für wichtig hält.
Welche Aufgaben erhalten die meisten Punkte?

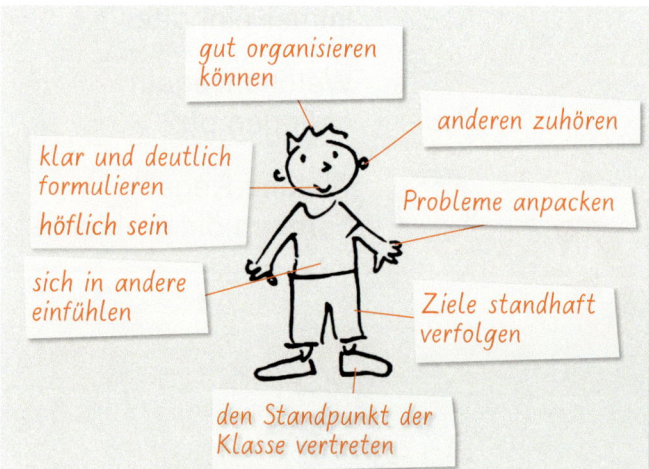

Um diese Aufgaben gut zu erfüllen,
sollte ein Klassensprecher bestimmte
Eigenschaften haben.

Erarbeitet mithilfe eines Placemats
passende Eigenschaften und stellt
das Ergebnis eurer Gruppenarbeit
der Klasse vor.

Welche Eigenschaften sind für eure
Klassengemeinschaft besonders wichtig?
Einigt euch und haltet eure Ergebnisse
auf einem Plakat fest.

Jedes Kind, das sich um das
Amt des Klassensprechers
bewerben möchte, kann sich nun
als **Kandidat** aufstellen lassen.
Mit einem **Wahlplakat** kann jeder
Kandidat um Stimmen werben.

So gestaltest du ein Wahlplakat
wie die Profis:
– Notiere in Stichpunkten deine
  Eigenschaften.
– Erkläre, was du für die
  Klassengemeinschaft tun willst.
– Denke dir kurze und einprägsame
  Wahlsprüche aus.
– Klebe ein Foto von dir dazu.

Um die Wahl durchzuführen, braucht ihr:

– entweder kleine leere Zettel, auf die ihr die Namen eurer beiden Favoriten schreibt
– oder einen kopierten Stimmzettel mit allen Kandidaten, auf dem ihr die Namen eurer beiden Favoriten ankreuzen könnt

– eine Wahlurne
– Trennwände
– Stifte
– Tafel und Kreide

Nun könnt ihr **die Wahl** durchführen:
Du hast **zwei Stimmen** und kannst deswegen höchstens zwei Kandidaten wählen. Wählst du mehrere, ist dein Stimmzettel ungültig. Die Wahl ist **geheim**. Niemand darf sehen, welche Namen du auf deinem **Stimmzettel** angekreuzt oder auf einem leeren Zettel aufgeschrieben hast. Du musst auch deinen Freunden nicht erzählen, wen du gewählt hast.
Wenn du fertig bist, musst du deinen Stimmzettel zusammenfalten und in die **Wahlurne** stecken.

Jeder hat gleich viele Stimmen.

Jeder kann sich frei entscheiden, wen er wählen will.

Jeder, der will, darf wählen.

Die Wahl ist geheim.

Jeder wählt seinen bevorzugten Kandidaten direkt.

Jetzt wird es spannend.
Die Stimmen werden **ausgezählt**.
Ein Kind liest die Namen auf den Stimmzetteln vor.
Ein anderes Kind schreibt die Namen an der Tafel mit und zeichnet für jede Stimme einen Strich.
Das Mädchen oder der Junge mit den meisten Stimmen ist nun **zum Klassensprecher gewählt**.
Das Kind mit der zweithöchsten Stimmenzahl wird **der stellvertretende Klassensprecher**.

Wenn die Sieger **die Wahl annehmen**, ist die Wahl erfolgreich abgeschlossen und alle können gratulieren.

Gibt es bei dir an der Schule einen Schülerrat?
Wer ist im Schülerrat?

Finde in einem Interview heraus, welche Aufgaben er hat.

Klassensprecherin   Stellvertreterin   Kandidatin   25

Wie können wir Konflikte friedlich lösen?

Streit und Konflikte gibt es jeden Tag und überall:
In der Familie, in der Schule, mit Freunden oder im Verein.
Oft kommt es zu Beleidigungen und Gewalt.

Wenn du deinen blöden Schulranzen nicht sofort an den Haken hängst, kannst du dich in der Pause auf was gefasst machen!

Du Vollidiot. Warum liegt dein Schulranzen mitten im Weg?

Dein Schulranzen liegt im Weg.

Es ärgert mich, weil ich darüber gestolpert bin.

Ich möchte, dass du ihn an den Haken hängst.

Stell dir vor, du würdest über den Schulranzen stolpern.
Für welche Möglichkeit entscheidest du dich?
Begründe deine Entscheidung.

Um Konflikte friedlich und fair zu lösen, ist es wichtig, über
Kommunikation Bescheid zu wissen. Das Wort „Kommunikation"
stammt aus der lateinischen Sprache und bedeutet: mitteilen,
sich austauschen.
Bei jeder Kommunikation gibt es wie bei einem Radio einen Sender,
der eine Botschaft mitteilt, und es gibt einen Empfänger, der diese
Mitteilung bekommt und darauf wieder reagiert.

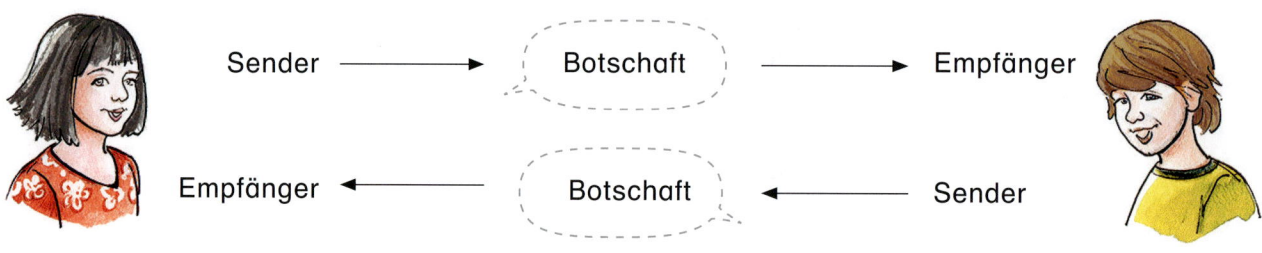

Missverständnisse und Streit kannst du vermeiden, wenn du
bei Konflikten die richtigen Worte für deine Botschaft findest.
Was sonst noch wichtig ist, kannst du auf den folgenden Seiten
trainieren.

Achte auf deine Körpersprache und deine Stimme.

Botschaften drückst du direkt mit Worten aus, wie z. B.: „Ich bin wütend". Die Wirkung dieser Botschaft verstärkst du immer noch mit deinem Körper. Du verschränkst deine Arme vor dem Körper, deine Stirn legt sich in Falten und deine Augen blitzen vor Wut. Auch deine Stimme passt sich deinem Gefühl an. Sie klingt in einer Konfliktsituation anders als in einer friedlichen Situation.

Spiele mit einem Partner den Satz in unterschiedlichen Gefühlslagen. Lass deinen ganzen Körper sprechen. Was verändert sich beim Empfänger?

wütend — | vorwurfsvoll
bewundernd — | *Das hast du wirklich toll gemacht.* | — enttäuscht
schadenfroh — | — gleichgültig

Sende Ich-Botschaften.

Mit klaren und freundlichen Ich-Botschaften drückst du deine Gefühle und Wünsche aus, ohne den anderen zu beleidigen oder zu verletzen. So wird euer Gespräch friedlicher verlaufen.
Stell dir vor: Dein Nachbar leiht sich ständig Stifte aus deinem Mäppchen, ohne dich zu fragen. Das ärgert dich. Dann könntest du ihm folgende Ich-Botschaft senden:

„**Ich habe gesehen**, dass du Buntstifte aus meinem Mäppchen genommen hast.

Das **ärgert** mich.

Ich wünsche mir, dass du mich das nächste Mal vorher fragst."

Ich sage freundlich ...

... was mich stört.

... was ich fühle.

... was ich mir von dir wünsche.

Überlege dir für folgende Konfliktsituationen passende Ich-Botschaften. Spielt sie in der Klasse vor und achtet dabei auch auf eure Körpersprache.
– Jaron rempelt in der Garderobe Paul an. Pauls Pausenbox fällt auf den Boden und die Brotzeit purzelt heraus.
– Im Sport drängelt sich Marie vor die anderen Kinder. Dabei stolpert Anna und verletzt sich am Knie.
– Unter dem schattigen Baum im Pausenhof ist nur noch ein Platz frei. Emily und Rafael wollen beide dort essen und trinken.

Höre dem anderen gut zu.

Zu einer gelungenen Kommunikation gehört neben dem Senden freundlicher Botschaften auch die Kunst, dem anderen aufmerksam zuzuhören. Es fühlt sich gut an, wenn der andere dir genau zuhört und sich für dich interessiert.

– **Gutes Zuhören bedeutet:**
– Ich schaue den anderen an, während er mit mir spricht.
– Ich lasse den anderen ausreden.
– Ich frage nach, wenn ich etwas nicht verstanden habe.
– Ich zeige dem anderen durch Nicken, Kopfschütteln oder Lächeln mein Interesse.
– Ich halte meinen Körper ruhig und drehe mich zum Erzähler hin.

Entschuldige dich, wenn es nötig ist.

Wer sich entschuldigt, beweist Mut: Er zeigt damit, dass er einen Fehler begangen hat und bereit ist, sich in Zukunft anders zu verhalten.

Mit einer gemurmelten Entschuldigung ist es aber nicht getan. Sammelt Möglichkeiten der Wiedergutmachung. Ihr könnt eure Vorschläge auf Karteikarten schreiben und in einer Box im Klassenzimmer aufbewahren. Ist eine Entschuldigung nötig, dann sucht eine Idee aus, die den anderen bestimmt wieder fröhlich macht.

Entschuldige.
Zum Trost habe ich dir
für deine Sticker
eine Schachtel gebastelt.

Es tut mir leid,
dass du
meinetwegen
geweint hast.
Hier ein kleiner
Witz, damit du
wieder lachen
kannst:

Sind wir wieder
Freunde?

Übe das gute
Zuhören zunächst
mit Menschen,
die du magst
und denen du
vertraust.

Gefällt dir der Ersatz
für dein Lineal, das ich
zerbrochen habe?

Manchmal ist ein Konflikt schwer zu lösen. Dann ist es gut, jemanden zu haben, der gemeinsam mit euch Lösungen oder Kompromisse für das Problem sucht. Wer könnte euch dabei helfen? Findet ihr für euer Gespräch einen ruhigen Platz?

Der Streitschlichter hält sich immer an folgende Fragen:

Was ist passiert?

Wir haben uns gestritten.

Und du hast mir dabei ins Schienbein getreten.

Ich darf nie bestimmen, wer in unserer Mannschaft spielen soll.

Was ist das Problem?

Ist doch klar, dass ich wähle. Ich bin der beste Fußballspieler in unserer Klasse.

Wie hast du dich gefühlt?

Es macht mich richtig wütend.

Mir tut mein Schienbein noch immer weh. Ich bin auch richtig wütend.

Kannst du verstehen, wie der andere sich fühlt?

Ein Tritt ans Schienbein tut schon ziemlich weh. Das weiß ich.

Na ja. Das kann ich mir schon denken. Du möchtest auch mal der Kapitän sein.

Was könntest du tun, um den Konflikt zu lösen?

Ich sollte mich wohl entschuldigen.

Morgen lasse ich dich die Mitspieler auswählen.

Finden wir einen Kompromiss, mit dem beide einverstanden sind?

Ich wünsche mir, dass ich nicht nur morgen die Mannschaft wählen darf. Wir sollten alle mal an die Reihe kommen.

Na gut, einverstanden. Ich wünsche mir von dir auch etwas. Wenn du mit mir ein Problem hast, dann rede mit mir.

Findet ihr einen anderen Kompromiss?

Konflikt   Kompromiss   Streitschlichter

sich in einen anderen einfühlen

29

Den Wald erleben und entdecken

Im Wald ist es angenehm kühl und ruhig. Bäume, Sträucher und Kräuter bieten Lebensraum für viele kleine und große Tiere. Meistens entdeckst du nur ihre Spuren, denn Waldtiere sind sehr scheu. Viele sehen oder hören sehr gut, andere nehmen jede Bodenerschütterung wahr. Einige Tiere werden erst nachts aktiv.

Seid leise! Ich sehe ein Eichhörnchen.

hören   riechen   beobachten   suchen

zeichnen   lesen   schreiben

Der Buntspecht hat für sich und seine Jungen eine Wohnhöhle gebaut.

So sieht das Netz der Kreuzspinne aus. Anne

Die Raupe der Miniermotte hat sich durch das Blattinnere gefressen.

Innenseite einer abgefallenen Rinde mit Fraßgängen eines Buchdruckers

In diesen Blattgallen wachsen Eichengallenwespen heran.

Ich habe 2 schöne Federn gefunden. Leon

Hier hat ein Hase seine Losung hinterlassen.

Ein Fuchs ist hier durch den Schlamm gelaufen.

Was ist hier passiert? Julian

Mäuse nagen von Fichtenzapfen mehr ab als Eichhörnchen.

Entdecke Spuren im Wald und gestalte eine Ausstellung.

sammeln   pressen   schraffieren   fotografieren

nachschlagen   zählen

31

Gänseblümchen

Lebensraum für Tiere und Pflanzen

Der Wald bietet vielen Tieren und Pflanzen Nahrung, Lebensraum und Schutz. Auch du darfst dich im Wald aufhalten, dort spielen und Beeren sammeln. Dabei musst du dich aber so verhalten, dass Tiere nicht gestört werden und Pflanzen unbeschädigt bleiben.

Findest du im Bild das Eichhörnchen, den Hasen und die Waldmaus?

1 Hirsch und Hirschkuh **2** Rehbock mit Ricke und Rehkitz
3 Wildschwein mit Frischlingen **4** Dachs **5** Fuchs mit Jungem **6** Baummarder
7 Wiesel **8** Igel **9** Hirschkäfer **10** Regenwurm **11** Ameisen **12** Habicht
13 Waldkauz **14** Kuckuck **15** Eichelhäher **16** Buntspecht

Baumschicht

20

Strauch- und
Krautschicht

Bodenschicht

Erkennst du ihre Spuren?

Laubbäume

Laubbäume sind Pflanzen mit weichen, breitflächigen Blättern. Diese verfärben sich im Herbst, werden abgeworfen und wachsen jedes Frühjahr neu.
Ein Wald, in dem nur Laubbäume stehen, heißt **Laubwald**.

Baum

Eiche

Birke

Buche

Blattform Blattrand

eiförmig
gebuchtet

dreieckig
gesägt

eiförmig
gewellt

Frucht

Eichel

Kätzchen

Buchecker

Weißt du, dass manche Tiere ihren Namen von der Eiche haben?

Die **Eiche** braucht viel Licht und Platz zum Wachsen. Im Schatten anderer Bäume verkümmert sie. Eichhörnchen und Eichelhäher sammeln ihre Früchte für den Winter, vergraben sie und finden später nicht alle Verstecke wieder. So können die Eicheln im Frühling keimen. Die Eiche kann bis zu 1000 Jahre alt werden. Den Germanen war sie sogar heilig. Eichenblätter verzieren heute noch Münzen und Pokale.

Weißt du, woher der Spruch ‚Es brennt wie Zunder‘ kommt?

Die **Birke** ist sehr anspruchslos, braucht aber viel Licht. Sie ist der erste Baum, der im Frühling Blätter bekommt. Deshalb ist sie ein Zeichen für neu erwachendes Leben. Junge Birken werden als ‚Schmuckgrün‘ für Maifeste und Prozessionen an Fronleichnam aufgestellt. Auf altem Birkenholz wächst ein Pilz, der Zunderschwamm. Er ist leicht entflammbar. Bevor es Streichhölzer gab, wurde er zum Feuer-Entzünden verwendet.

Weißt du, dass der Begriff ‚Buchstabe‘ vom Wort Buche abgeleitet ist?

Die **Rotbuche** ist ein sehr mächtiger Baum. Sie wird ungefähr 30 Meter hoch und bis zu 500 Jahre alt. Die Rotbuche gilt als ein sehr wertvoller Waldbaum, weil Kleinstlebewesen ihr Laub sehr leicht zu Humus zersetzen können. So wird der Waldboden verbessert. Bei den Germanen wurden Schriftzeichen (Runen) in Buchenstäbe geritzt.

Nadelbäume

Die meisten Nadelbäume sind immergrün. Ihre schmalen, nadelförmigen Blätter bleiben auch im Winter am Baum. Eine Wachsschicht schützt sie vor Kälte.
Ein Wald, in dem nur Nadelbäume wachsen, heißt **Nadelwald**.

Fichte

Tanne

Lärche

Baum

spitz, kantig, stehen
rund um den Zweig

stumpf, flach,
zwei Wachsstreifen
an der Unterseite

weich, stehen in Büscheln
um den Zweig herum,
fallen im Herbst ab

Nadel

hängende Zapfen,
fallen als Ganze ab

aufrecht stehende Zapfen,
Schuppen fallen einzeln ab

kleine rundliche Zapfen,
stehen auf dem Zweig

Zapfen

Weißt du, dass Fichten auch in sehr hohen, kühlen Lagen wachsen können?

Fichten sind die häufigsten Nadelbäume in unseren Wäldern. Sie sind sehr anspruchslos und wachsen auf unterschiedlichen Böden. In ihren Nadeln steckt eine Zuckerart, die wie ein Frostschutzmittel wirkt. So können sie Temperaturen bis zu minus 50 Grad Celsius aushalten. Waldbauern pflanzen Fichten, weil ihr Holz sehr schnell heranwächst.

Weißt du, dass man keine Tannenzapfen auf dem Waldboden findet?

Die **Tanne** hat sehr tiefe Pfahlwurzeln. Deshalb können Stürme sie nicht so leicht umwerfen. Ihre Zapfen lösen sich schon auf dem Baum auf. Die Schuppen mit je zwei Samen fallen einzeln zu Boden. Die Tanne hat weiche, stumpfe Nadeln. Die jungen Triebe werden z. B. von Rehen gerne gefressen (Wildverbiss). Als Christbaum und Schmuckreisig ist die Tanne sehr beliebt.

Weißt du, dass es auch einen Nadelbaum gibt, der seine Nadeln verliert?

Die **Lärche** wächst sehr schnell, in einem Jahr oft einen ganzen Meter. Ihre kleinen Zapfen sind Wetteranzeiger. Sie öffnen sich bei trockenem Wetter und schließen sich bei feuchtem Wetter. Die Lärche ist der einzige Nadelbaum, dessen Nadeln sich im Herbst goldgelb färben und abfallen. Ihr festes Holz wird für Fußböden und für Außenwände von Häusern verwendet.

Welche Bäume wachsen in einem Mischwald?

35

Kein Wald ist wie der andere. Es gibt Nadelwälder, Laubwälder, Mischwälder, Bergwälder, Auenwälder, Regenwälder und sogar Palmenwälder. Mehr als ein Drittel Bayerns ist mit Wald bedeckt.

Je nachdem, ob das Klima feucht oder trocken, warm oder kalt ist, wachsen bestimmte Bäume besonders gut. Auch der Boden, das Licht und wo der Baum steht, beeinflussen das Wachstum.

Die meisten Wälder werden von Menschen genutzt und gestaltet. Man nennt sie Nutz- oder Wirtschaftswälder. Die Waldbauern pflanzen Bäume, um deren Holz zu verkaufen. Einen Wald, in den der Mensch nicht eingreift, nennt man Urwald. Heute gibt es nur noch wenige Urwälder in Deutschland.

Förster Pokorny erklärt, wie Bäume vom Licht abhängig sind.

Die Tanne kann als Jungpflanze lange Jahre mit sehr wenig Licht auskommen. Sie breitet bei Lichtmangel ihre Äste waagrecht aus, um selbst den kleinsten Lichtstrahl aufzufangen. Im Schatten dichter Baumkronen wächst sie sehr langsam und bleibt über Jahre hinweg sehr klein. In diesem „Schattenschlaf" kann die Tanne bis zu hundert Jahre darauf warten, dass sie mehr Licht bekommt.

Manchmal werden große Bäume abgeholzt oder durch einen Sturm entwurzelt und umgeworfen (Windwurf). Dann fällt plötzlich sehr viel mehr Licht auf den Waldboden. Das ist die Gelegenheit für die Tanne, in die Höhe zu schießen. Auch Sträucher und Kräuter, die mehr Licht brauchen, können jetzt wachsen.

Welche Fragen an den Förster habt ihr?

Laubwald   Nadelwald   Mischwald

Forscheraufträge:

Sucht im Wald eine schattige und eine sonnige Stelle. Grenzt dort jeweils mit zwei Meterstäben ein Quadrat ab.

Messt innerhalb beider Quadrate die Temperatur und schreibt sie auf.

Welche Pflanzen entdeckt ihr in den Quadraten? Schlagt nach, wenn ihr sie nicht kennt. Schreibt ihre Namen auf.

Findet ihr Himbeersträucher und Sauerklee? In welchem Quadrat wachsen sie? Begründet.

Vergleicht eure Ergebnisse.

Steckbrief
Name: Himbeere
Größe: bis zu 2 m hoch
Aussehen: gefiederte Blätter, Blüten haben je 5 weiße Blütenblätter, lange, mit Stacheln besetzte Ranken, rote Früchte
Standort: ?

Steckbrief
Name: Sauerklee
Größe: etwa 10 cm hoch
Aussehen: kleeähnliche Blätter, Blüten haben je 5 weiße Blütenblätter mit feinen rötlichen Adern
Standort: ?

So einen Wald habe ich hier noch nie gesehen.

Auenwald

Bergwald

Palmenwald

37

Pflanzen und Tiere brauchen einander

Pflanzen und Tiere des Waldes sind voneinander abhängig. Der Fachbegriff für diese Lebensgemeinschaft ist „Ökosystem Wald". Jede Pflanze und jedes Tier ist wichtig in dieser Gemeinschaft.

Bäume und alle anderen grünen Pflanzen stellen mit Hilfe von Wasser, Luft und Sonnenlicht die Baustoffe für Blätter, Blüten und Früchte her. So wachsen sie und produzieren Nahrung für andere Lebewesen.

So viel Laub fällt in einem Laub- oder Mischwald in wenigen Jahren zu Boden. Warum versinken die Bäume und Sträucher nicht in einem Blätterberg?

Für eine riesige Anzahl kleinster Lebewesen gehören abgestorbene Pflanzenteile und tote Tiere zum täglichen Speiseplan. Sie zersetzen dieses tote Material allmählich zu Humus. Der Humus liefert Bäumen und anderen Pflanzen wieder wichtige Nährstoffe, die sie zum Leben brauchen.

Springschwanz
Größe:
etwa 0,2 bis 4 mm
Nahrung:
Pflanzenreste

Rollassel
Größe:
etwa 1 bis 1 1/2 cm
Nahrung:
Falllaub, abgestorbene Pflanzenteile

Ohrwurm
Größe:
etwa 1 bis 1 1/2 cm
Nahrung:
Kleinsttiere und zarte Pflanzenteile

Schnurfüßer
Größe:
etwa 3 bis 6 cm
Nahrung:
Falllaub

Hole dir etwas Erde unter abgestorbenen Blättern und fülle sie in eine Becherlupe. Stelle sie in die Sonne oder unter eine Lampe. Beobachte.

Welche Tiere findest du?
Wie viele Tiere einer Art zählst du?

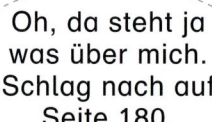

Oh, da steht ja was über mich. Schlag nach auf Seite 180.

Größere Tiere fressen frische Pflanzen, ihre Früchte oder andere kleinere Tiere.

In dem Nahrungsnetz entdeckst du verschiedene Tiere. Die Pfeile zeigen dir, was die Tiere fressen. Du kannst aber auch herausfinden, welche Feinde ein Tier hat.

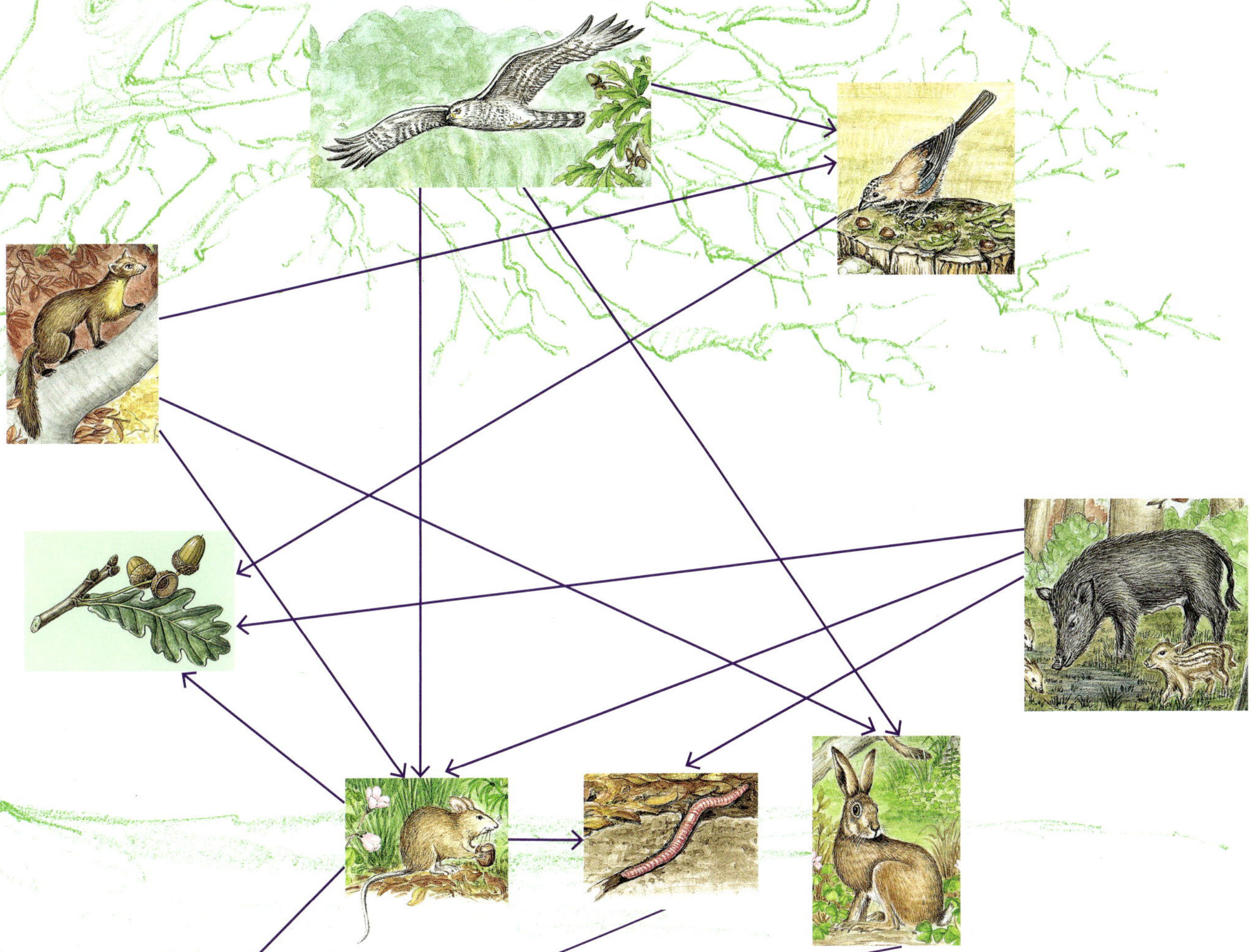

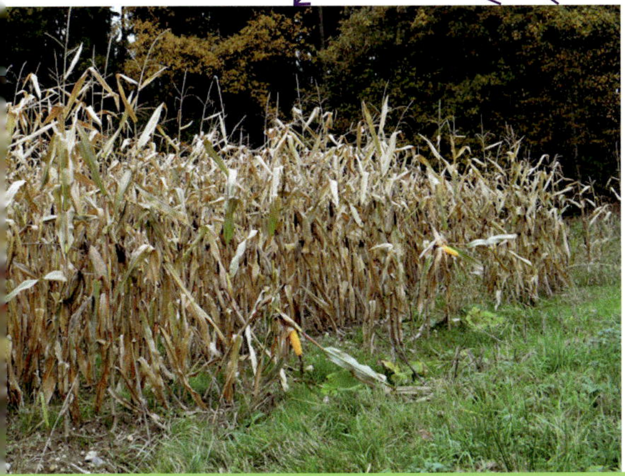

Informiere dich und zeichne ein Nahrungsnetz mit Igel, Fuchs, Specht, Maus, Regenwurm, Waldkauz …

Häufig holen sich Mäuse als Nahrung Mais oder Getreide von Feldern.
Damit Mais und Getreide ertragreich wachsen und Schädlinge sich nicht ausbreiten, werden die Pflanzen oft mit Chemikalien behandelt.

Die Chemikalien gelangen in das Nahrungsnetz. Was bedeutet das? Überlegt und sprecht darüber.

Im Wald und im Wasser zu Hause

Was ist denn hier passiert?

Hier war ein Biber am Werk. Er ist das größte Nagetier in Europa. Mit seinen vier großen, ständig nachwachsenden Nagezähnen nagt er einen Stamm in der Nähe eines Wassers so lange an, bis der Baum fällt. Die Äste und Zweige braucht der Biber für seine Biberburg. An Flüssen baut er damit oft einen Damm, um das Wasser zu stauen.

Wie groß ist ein Biber?

Ein ausgewachsenes Tier kann eine Körperlänge bis zu einem Meter und eine Schwanzlänge bis zu 35 Zentimetern erreichen. Sein Gewicht beträgt zwischen 20 und 30 Kilogramm.

Wo kommt der Holzhaufen her?

In der Böschung eines Gewässers legt sich der Biber seinen Bau an. Der Eingang zum Bau liegt immer unter der Wasseroberfläche. Von dort gräbt der Biber Gänge, sogenannte Röhren, in die Böschung. Der Wohnkessel muss hoch über dem Wasser liegen. Wenn die Böschung zum Graben eines Wohnkessels nicht hoch genug ist, schichtet er einfach Äste, Steine und Schlamm auf und baut sich ein „Haus" – die Biberburg. Damit der Eingang zu seiner Burg immer unter Wasser bleibt, legt der Biber oft einen Damm an. So staut er das fließende Wasser. Bei Hochwasser öffnet er den Damm. Das Wasser kann abfließen und überschwemmt nicht die Biberburg.

Biberburg

Frisst ein Biber andere Tiere?

Biber ernähren sich nur von Pflanzen. Sie fressen jungen Triebe und Blätter und auch Gräser, Kräuter und Wasserpflanzen. Im Winter halten Biber weder Winterschlaf noch Winterruhe. Dann besteht ihre Nahrung hauptsächlich aus jungen Laubbäumen, die sie fällen, um Zweige und Rinde zu verzehren.

Kann ein Biber tauchen?

Die Hinterfüße des Bibers sind groß und haben Schwimmhäute zwischen den Zehen. Das macht ihn zu einem flotten Schwimmer.
Biber können bis zu 20 Minuten tauchen. Dabei werden Nase und Ohren verschlossen. Der unbehaarte Schwanz (auch Kelle genannt) dient ihnen beim Tauchen als Steuer.
Die Fellhaare eines Bibers wachsen sehr dicht. Sie halten die Luft im Fell wie ein Polster, damit der Biber unter Wasser nicht auskühlt. Er pflegt sein Fell mit einem fetthaltigen Sekret.

Sind Biber nützlich für Mensch und Natur?

Wenn der Biber einen Damm anlegt, staut er das Wasser zu einem kleinen See. Das nützt auch Tieren und Pflanzen, die viel Wasser brauchen. Sie finden dort einen Lebensraum.
Bei Menschen ist der Biber nicht immer beliebt, weil er Bäume fällt, Früchte auf Feldern frisst oder durch seine Staudämme Gebiete überschwemmt. Manchmal höhlt er auch Hochwasserschutzdämme aus.

Wer gehört zu einer Biberfamilie?

Haben Biber eigentlich Feinde?

Gibt es Biber auch in anderen Ländern?

Dieses Dach ist mit Biberschwänzen gedeckt???

Auf den Spuren der Wölfe

In den Wäldern Bayerns lebten immer viele Wölfe. Die letzten 150 Jahre waren sie jedoch aus unserer Heimat verschwunden, weil die Menschen sie verfolgten und töteten. Nun kehren die scheuen Wildtiere vereinzelt aus östlichen Ländern, zum Beispiel aus Polen und Rumänien, zurück. Manchen Menschen macht das Angst, denn sie fürchten sich vor dem Tier. Es ist ihnen unheimlich. Manche finden Wölfe faszinierend und freuen sich über ihre Rückkehr. Hier erfährst du mehr über die Lebensweise dieses Wildtieres.

Die meisten Wölfe leben in einem **Rudel**. Ein Wolfsrudel ist eine Kleinfamilie. Sie besteht aus den beiden Elterntieren, den Welpen und den Jungtieren aus dem Vorjahr. Das stärkste Tier nennen wir Leitwolf oder Alphatier. Es führt das Rudel an und legt die Regeln fest, an die sich alle halten müssen.

Ein Rudel hat ein großes Gebiet, in dem es lebt und jagt. Dieses Gebiet heißt **Revier**. Die Grenzen ihres Reviers markieren die Wölfe mit **Duftmarken** (Kot, Urin). So zeigen sie anderen Wölfen: Das ist unser Gebiet. Für euch ist hier kein Platz mehr.

Wölfe drücken ihre Stimmung mithilfe ihres Körpers aus. Vor allem an der Stellung der Ohren und des Schwanzes kann man ihre Gefühle ablesen.

Alle Wölfe folgen einem angeborenen **Jagdtrieb**. Sie verfolgen mit ihrer feinen Nase die Spur der Beutetiere (Rehe, Wildschweine, Hirsche und manchmal auch Schafe). Sie jagen ihnen hinterher und töten sie. Wölfe fressen aber auch Beeren, Wurzeln und Obst.

Wölfe sind **ausdauernde Läufer**. Sie streifen pro Tag circa 25 km durch den Wald. An manchen Tagen laufen sie bis zu 60 km weit, um Nahrung und Wasser zu finden.

Gestaltet eine Ausstellung. Wo könnt ihr sie aufbauen, damit möglichst viele Menschen etwas über unser größtes heimisches Raubtier erfahren?

Hunde verhalten sich ähnlich wie Wölfe.
Wissenschaftler nehmen an, dass der Hund vom Wolf abstammt
oder beide einen anderen gemeinsamen Vorfahren haben.
Damit Hunde sich bei uns Menschen wohl fühlen, müssen wir sie
so behandeln, wie es ihrer Natur entspricht.
Kannst du Verhaltensweisen des Hundes in Verbindung bringen
mit den Verhaltensweisen des Wolfes?

Mit dem Menschen zusammen fühlt sich
der Hund wie in einem Rudel. Der Mensch
muss der Rudelführer sein. Das akzeptiert
der Hund aber nur, wenn der Mensch feste
Regeln und Grenzen aufstellt. So weiß der
Hund, was man von ihm erwartet und wie
er sich verhalten muss.

Hunde markieren mit
ihrem Urin ihr Revier.
Auch beim Spazieren-
gehen heben sie
häufig ihr Bein an
Bäumen und Laternen-
pfählen.

Hunde laufen oft mit der Nase
auf dem Boden herum. Durch
Schnüffeln erkennen sie, wer
vor ihnen diesen Weg gegangen
ist. Hunde können einer Spur
kilometerweit folgen. Deshalb
werden manche Hunde zu Such-
hunden ausgebildet.

Während eines Spaziergangs
geht der Hund auch gerne auf
die Jagd. Da er keine richtige
Beute jagen darf, muss er
anders beschäftigt werden.
Der Hundebesitzer kann
Äste oder Wurfscheiben
werfen. Der Hund jagt ihnen
freudig nach, schnappt sie wie
eine Beute und bringt sie zurück.
Das nennt man apportieren.

Soll ich
den Knochen
apportieren?

Hunde brauchen
viel Bewegung.
Deshalb muss der
Besitzer täglich und
bei jedem Wetter für
Auslauf sorgen.

Gänse-
blümchen

Wie denkt und reagiert ein Hund?

Der Hund ist das älteste Haustier des Menschen. Er beschützt und bewacht Haus und Familie. Er kann ein treuer und guter Freund sein. Er spielt mit dir, lässt sich gerne streicheln und hört dir zu, wenn du traurig bist. Manchmal begegnest du aber auf dem Schulweg, beim Rad fahren oder Inline-Skaten einem fremden Hund. Dann kann es Situationen geben, in denen der Hund dir Angst einjagt.
Erinnerst du dich an Erlebnisse mit Hunden?

Damit bei einer Begegnung mit einem fremden Hund keine gefährlichen Situationen entstehen, musst du wissen, wie ein Hund denkt und reagiert. Dann wirst du dich auch richtig verhalten.

Gehe nicht sofort auf fremde Hunde zu.

Kein Hund ist wie der andere. Viele Hunde spielen gerne mit Kindern. Manche Hunde erinnern sich aber an schlechte Erfahrungen mit Menschen, die sie geärgert oder verletzt haben. Dann bellen und knurren sie fremde Menschen an.

TIPP: Frage zuerst den Hundebesitzer, ob du zu dem Hund hingehen darfst.

Schau niemals einem Hund direkt in die Augen.

Wenn du einem Hund in die Augen schaust, fühlt er sich bedroht. Du forderst ihn damit zum Kampf heraus. Der Hund möchte wissen, wer von euch beiden der Stärkere ist.

TIPP: Schaue immer die Ohren oder die Schnauze des Hundes an, wenn du mit ihm redest.

Respektiere die Bedürfnisse und Gefühle des Hundes.

Will er spielen oder lieber schlafen?
Will er in deiner Nähe sein oder hat er Angst vor dir?

TIPP: Achte auf die Signale, die dir der Hund mit seinem Körper sendet.

Ich bin müde, lass mich in Ruhe.

Ich ergebe mich.

Ich freue mich.

Ziehe den Hund nicht am Schwanz und tritt nicht darauf.

Der Schwanz des Hundes ist sehr empfindlich. Wenn du ihn am Schwanz ziehst, spürt er einen starken Schmerz.

TIPP: Achte beim Spielen darauf, dem Hundeschwanz nicht zu nahe zu kommen.

Laufe oder fahre niemals vor einem Hund davon – auch wenn du Angst hast.

Der Hund ist ein Jagdtier. Wenn du vor ihm davon läufst, wird er versuchen, dich zu fangen.

TIPP: Bleib ganz ruhig stehen, wenn der Hund auf dich zuläuft oder hinter dir her rennt.

Wehre dich nicht, wenn ein Hund dich mit den Zähnen festhält.

Meistens will der Hund nicht beißen, sondern nur etwas festhalten. Da er keine Hände hat, benützt er seine Zähne. Vielleicht hält er deine Hand fest, weil er Angst vor dir hat. Vielleicht will er nicht, dass du weggehst.

TIPP: Nimm deinen ganzen Mut zusammen, halte still und warte, bis er wieder loslässt.

Emil ist ein ausgebildeter Schul- und Therapiehund. Wir beide besuchen Schulkinder und trainieren mit ihnen den sicheren Umgang mit Hunden.

Sammelt weitere Tipps für den Umgang mit Hunden. Gestaltet eine Wandzeitung.

Kennt ihr jemanden, der mit euch den Umgang mit Hunden einüben kann?

Ich habe Angst.
Vorsicht! Ich könnte beißen.

Komm nicht näher,
sonst beiße ich.

45

Die Entstehung einer Stadt

Vor ungefähr 7000 Jahren wurden die ersten Menschen in Europa sesshaft und zogen nicht mehr als Nomaden umher. Sie suchten sich Plätze an Flüssen, auf Anhöhen oder Lichtungen in einem Wald. Dort bauten sie kleine Hütten aus Holz und Stroh. Sie züchteten Rinder, Schweine, Ziegen und Schafe und bauten Getreide an. Sie lebten als Stämme, das bedeutet als kleine Gemeinschaften, zusammen.

Nachbau einer fränkischen
Siedlung aus der Steinzeit

Vor ungefähr 3000 Jahren wurden aus den Siedlungen befestigte Orte. Das heißt, die Bewohner bauten einen Schutzwall um ihre Siedlung. Oft wurde eine Burg auf einem nahen Berg errichtet, um sich bei Gefahr dorthin zurückzuziehen. Zum Bauen wurde Holz und Lehm verwendet.

Vor ungefähr 2000 Jahren eroberten die Römer große Teile Europas und gründeten Städte. Sie bauten ihre Häuser aus Stein, Holz und Ton. Es entstanden auch Villen und große Paläste, Tempel und Amphitheater. In den Thermen konnten alle Bewohner baden. Auf Flüssen und Straßen transportierten die Händler zahlreiche Waren in weit entfernte Städte.

Nürnberg im
15. Jahrhundert

Im Mittelalter vor ungefähr 600 Jahren stand in der Nähe einer Stadt fast immer eine Burg. Dort wohnte ein mächtiger Graf, Fürst oder sogar der König. Von den römischen Städten waren nach vielen Kriegen oft nur noch Ruinen übrig. Die Häuser in der Stadt standen eng zusammen. Auf den Straßen war es sehr dreckig, weil es noch keine Kanalisation gab. Die Stadt umgab eine Stadtmauer zur Verteidigung von Feinden. Im Zentrum der Stadt erhob sich oft eine neue Kathedrale.

Industriestadt
im Jahre 1865

Vor ungefähr 150 Jahren wurden Fabriken gebaut. Dort fanden viele Menschen Arbeit und zogen in die Stadt. So wurden diese immer größer. Die neu erfundene Eisenbahn verband die großen Städte miteinander. Im Hafen am Fluss lagen riesige Schiffe mit Kaffee, Tee, Zucker und Baumwolle aus weit entfernten Ländern. Trotzdem ging es vielen Menschen in den Städten schlecht, weil sie sehr wenig Geld verdienten.

Großstadt
heute

Heute gibt es Dörfer, Kleinstädte, Großstädte und riesige Metropolen – Städte mit vielen Millionen Einwohnern.

Wie Augsburg sich entwickelt hat, erfährst du auf der nächsten Seite.

Welche großen Städte kennst du?

In welcher Zeit hättest du gerne gelebt? Erkläre warum.

Wie kannst du dir eine Stadt in 100 Jahren vorstellen? Warum wird sie so aussehen?

Wie und wann ist dein Ort entstanden? Recherchiere.

| Bronzezeit | Eisenzeit/ Antike | Mittelalter | 1400 | 1850 | heute | Neuzeit |

2000 v. Chr.　1000 v. Chr.　0　1000 n. Chr.　2000 n. Chr.
Christi Geburt

Augusta Vindelicum ...

Augsburg ist die älteste Stadt Bayerns und gehört zu den ältesten Städten Deutschlands. Sie wurde vor ungefähr zwei Jahrtausenden, im Jahr 15 vor Christi Geburt (15 v. Chr.), vom römischen Kaiser Augustus gegründet und nach ihm benannt. Der zweite Teil des Namens kommt vom Stamm der Vindeliker. Sie lebten vor den Römern im Gebiet um Augsburg. Nach dem Sieg über die Vindeliker bauten die Römer ein Kastell. Im Laufe von Jahrhunderten entwickelte sich daraus eine Stadt mit Palästen, Tempeln, Markthalle, öffentlichen Bädern und Villen. Ihr Name war Augusta Vindelicum.

Du kannst die Geschichte Augsburgs auf einer Zeitleiste darstellen.

1998   1999   2000   2001   2002   2003   2004   2005

So können Zeitleisten aussehen.
Tausche dich mit anderen aus.
Findet passende Materialien.

2010   2015   2020

0   500   1000

Christi Geburt   Vergangenheit

Um 400 n. Chr. wurden die Römer nach und nach von den Alamannen vertrieben und mussten auch Augusta Vindelicum aufgeben.

Du erfährst auf diesen beiden Seiten, was zu bestimmten Zeitpunkten in Augsburg passiert ist.
Wo kannst du die Jahreszahlen in der Zeitleiste einordnen?

Jahrtausend   Jahrhundert   Jahrzehnt   Jahr
v. Chr.   n. Chr.

Schon im 8. Jahrhundert wurde der Augsburger Dom gebaut. Er gilt neben der Basilika St. Ulrich und Afra als bedeutendste Kirche in Augsburg.

Eine Blütezeit erlebte Augsburg im 15. und 16. Jahrhundert durch die Kaufmannsfamilien Fugger und Welser mit ihren Bank- und Metallgeschäften. Noch heute nennt man Augsburg auch Fuggerstadt.

Bemerkenswert ist die Stiftung der Fuggerei durch Jakob Fugger „den Reichen". In dieser Siedlung leben seit 1521 arme Familien für sehr wenig Geld. Heute bezahlen Bewohner der Fuggerei 0,88 Euro Miete im Jahr.

1500　　　2000　　　2500

Gegenwart　　　Zukunft

Welche wichtigen Ereignisse gab es in deinem Ort?
Gab es besondere Bauwerke, berühmte Menschen, Feste oder Katastrophen?
Erstelle eine eigene Zeitleiste.

Im Jahr 2015 ist Augsburg die drittgrößte Stadt Bayerns mit ca. 280.000 Einwohnern. Mit einer Universität, vielen Sehenswürdigkeiten und dem FC Augsburg in der Fußballbundesliga lockt die Stadt jedes Jahr viele Besucher an. Augsburg ist außerdem Sitz der Regierung von Schwaben.

Fuggerei　　　Kastell　　　Dom　　　Basilika　　　Denkmal　　　**49**

Ein Besuch im Museum

In vielen Städten gibt es Museen zu ganz unterschiedlichen Themen, z. B. das Deutsche Museum in München und das Schulmuseum in Nürnberg. In Augsburg könnt ihr das Römische Museum besuchen. Meist führen euch Museumspädagogen durch die Ausstellung. Von ihnen erfahrt ihr, was Wissenschaftler über die Römer in Augsburg herausgefunden haben.

„Als Museumspädagoge arbeite ich vor allem mit Menschen. Um Kindern und Erwachsenen etwas Interessantes erzählen zu können, brauche ich Informationen. Diese bekomme ich von Wissenschaftlern. Sie beschäftigen sich zum Beispiel mit den Römern und sammeln, vergleichen und betrachten ihre Quellen: Bilder, Texte und Gegenstände. Quellen erzählen uns etwas über die Vergangenheit. Wenn ich etwas besonders Interessantes von den Wissenschaftlern erfahre, plane ich mit ihnen und meinen Kollegen eine Ausstellung – zum Beispiel „Die Römer in Augsburg". Grafiker und Gestalter bauen die Ausstellung so auf, dass es viel Spannendes zu entdecken gibt."

Eine typische **Sachquelle**, ein Gegenstand, der uns etwas über die Geschichte erzählen kann, ist dieser Pinienzapfen. Er stammt ursprünglich von der Spitze eines Grabmals aus dem 3. Jahrhundert nach Christus. Für die Römer war die so genannte Zirbelnuss ein Zeichen für Fruchtbarkeit und neues Leben. Aus diesem Symbol der Römer wurde im Lauf der Jahrhunderte das Wahrzeichen der Stadt Augsburg. Im heutigen Augsburg kannst du die Zirbelnuss an sehr vielen Stellen entdecken.
Kennst du weitere Sachquellen?

Schade, dass wir die Römer nicht mehr fragen können.

Welche Ausstellung würde dich interessieren?

Welche Museen kennst du? In welchen Museen bist du schon gewesen?

Warum gibt es Museen überhaupt?

Im September 2014 wurden bei Bauarbeiten für das Krankenhaus Vincentinum Überreste eines Kindergrabs gefunden. Woher wissen die Wissenschaftler das? Eine **Textquelle** in Form eines Steinquaders in der Grabstätte hat ihnen geholfen.

Die Inschrift auf dem Stein stammt von dem Vater der zwei römischen Kinder Burilla und Burinianus. Er ließ unter anderem diese Nachricht in den Stein meißeln: „Für Burilla, die innigst geliebte Tochter, die acht Jahre, fünf Monate und 28 Tage lebte." Der Stein und auch andere Sachquellen dieser Ausgrabungen werden sehr wahrscheinlich auch bald im Römischen Museum in Augsburg zu sehen sein.

Da die Römer gerne Wein zum Essen tranken, wurde Wein aus ihrem Heimatland in Tongefäßen oder Fässern bis in die Provinzen transportiert. Wein aus Italien, aber auch aus Frankreich und Spanien war sehr teuer. Darum bauten die Römer auch in Deutschland Wein an. Weinhändler war damals ein sehr geschätzter Beruf. Von einem Grabmal eines Weinhändlers aus der Zeit um 200 n. Chr. stammt diese **Bildquelle**.

Auch eine Karte ist eine wichtige Bildquelle. Eine Karte in dieser Form gab es zur Römerzeit allerdings noch nicht. Mit Hilfe von vielen Informationen aus Quellen der Römerzeit haben Forscher solche Karten angefertigt. Diese Karte zeigt dir die Provinz Raetien mit seiner Hauptstadt Augusta Vindelicum.

Gibt es Überreste der Römer bei euch in der Region? Fotografiert und sammelt Quellen und gestaltet eine Ausstellung über die Geschichte eures Ortes.

Das Mittelalter wird lebendig

Noch heute begeistert das Mittelalter viele Leute. Auf Mittelaltermärkten, Ritterfestspielen und Ritterturnieren spielen Menschen das Leben im Mittelalter nach. Bei uns in Bayern besuchen jedes Jahr viele tausend Kinder und Erwachsene das Kaltenberger Ritterturnier.

Im Jahr 1292 ließ Herzog Rudolf I. Schloss Kaltenberg errichten. Herzog Rudolf I. gehörte zur mächtigen und einflussreichen Familie der Wittelsbacher. Das Schloss sah 1292 noch nicht so aus, wie du es auf dem Foto siehst. Im Laufe vieler Jahrhunderte wurde es mehrmals umgebaut und vergrößert. In zwei Kriegen wurde es dann fast komplett zerstört, aber später wiederaufgebaut.

Auf Schloss Kaltenberg wohnte der Schlossherr Rudolf I. mit seiner Familie und vielen Bediensteten. Auch außerhalb der Schlossmauern arbeiteten Leibeigene für den Schlossherrn. Oft waren das Bauern, die von ihrem Herrn ein Stück Land bekamen. Auf diesem lebten sie meist in kleinen Hütten und betrieben Ackerbau und hielten Tiere. Einen Teil der Ernte durften sie behalten. Den größeren Teil der Ernte mussten die Bauern ihrem Schlossherrn jedoch abgeben.

Von den Abgaben konnten Rudolf I. und die späteren Schlossherren von Kaltenberg gut leben. So feierten sie in ihrem Schloss auch viele Feste. Dieses Leben wird auf dem Mittelaltermarkt heute nachgespielt.

Welche anderen Berufe gab es im Schloss und außerhalb?

Auch Silas und seine Schwester sind von Händlern, Gauklern, Musikanten und kämpfenden Rittern fasziniert. Darum möchten sie mit ihrer Familie zum Ritterturnier auf Schloss Kaltenberg. Dafür hat sich Silas wie ein Ritter ausgerüstet. Vor dem Besuch stellt er sich viele Fragen:

Wer lebt heute in dem Schloss?

Wie schwer war eine Ritterrüstung?

Woher hatten die Ritter das Eisen für die Rüstung?

Warum gibt es das Ritterturnier in Kaltenberg?

Was haben die Menschen im Mittelalter gegessen?

Wie wurde der König ausgewählt?

Das Turnier beginnt mit der Eröffnungsrede des jetzigen Besitzers des Schlosses. Luitpold Prinz von Bayern heißt alle Besucher herzlich willkommen. Seit 1980 findet das Ritterturnier jedes Jahr im Sommer statt. Der Anlass für die Gründung des Ritterturniers war die 800-Jahrfeier der Wittelsbacher. Prinz Luitpold ist selbst ein Wittelsbacher.

Dann beginnt das Ritterturnier in der riesigen Arena. Dabei zeigen Gruppen aus vielen verschiedenen Ländern ihr Können als Akrobaten auf dem Pferd oder als Feuerspucker. Silas interessiert vor allem aber das Lanzenstechen. Bei diesem Duell reiten zwei Ritter in voller Rüstung auf dem Pferd aufeinander zu und versuchen sich gegenseitig mit der Lanze vom Pferd zu stoßen.

Jedes Jahr müssen die Teilnehmer dieses Turniers sehr lange trainieren und üben, um die Kunststücke und Stunts aufzuführen.
Auch außerhalb der Arena fühlt Silas sich ins Mittelalter versetzt. Gaukler mit ihren bunten Kostümen und Kappen jonglieren mit Bällen. Goldschmieden, Bäckern, Brauern und Schuhmachern schaut er bei ihrer Arbeit mit einfachen Werkzeugen zu. Manches darf er sogar selbst ausprobieren.

Gibt es besondere Feste bei euch in der Nähe?
Aus welcher Zeit stammen sie? Gestaltet ein Heimatbuch.

Hochmittelalter			Spätmittelalter	
1000 n. Chr.	1100 n. Chr.	1200 n. Chr.	1300 n. Chr.	1400 n. Chr.

Der kleine Ritter Trenk

Der kleine Ritter Trenk vom Tausendschlag ist die wichtigste Person in diesem Kinderbuch. Am Anfang ist er gar kein Ritter, sondern ein einfacher Bauernjunge.
Der kleine Trenk wohnt mit seiner Familie, einer Ziege und einem Ferkel in einem winzig kleinen Bauernhaus vor der Burg des Ritters Wertold der Wüterich.

Du erfährst in kurzen Auszügen der Geschichte mehr über den kleinen Ritter und das Leben im Mittelalter:

In der Zeit, von der ich erzählen will, gehörten den Bauern nämlich das Land, das sie bebauten, und die Kühe, die sie molken, und die Schweine, die sie schlachteten, kein bisschen; auch nicht die Katen, in denen sie wohnten, und nicht einmal sie selbst und ihre Frauen und Kinder. Ja, nicht einmal sie selbst und ihre Frauen und Kinder gehörten ihnen! All das gehörte dem Ritter, der in seiner großen, stolzen Burg hoch über dem Tal wohnte, und für den mussten sie darum auch ordentlich schuften. Sie mussten ihm von dem Getreide abgeben, das sie ernteten, und von dem Kohl und den Rüben; er bekam Fleisch von ihren Schweinen und Käse aus der Milch ihrer Kühe und Ziegen;

Trenk spricht mit seiner Schwester Mia-Mina.
Er möchte sein Zuhause verlassen.

„Man kann etwas tun!", flüsterte Trenk so laut, dass seine Mutter fast davon aufgewacht wäre. Aber zum Glück nur fast. Denn das hätte Trenk im Augenblick nun wirklich nicht gebrauchen können. „Leibeigen geboren, leibeigen gestorben, ja, so heißt es wohl! Aber es heißt auch: Stadtluft *macht* frei!"
„Stadtluft macht frei!", flüsterte Mia-Mina andächtig, denn das hatte sie auch schon gehört, und das hieß nichts anderes, als dass ein Leibeigener, der seinem Besitzer ausriss und in die Stadt zog, dort plötzlich sich selber gehörte, wenn er ein Jahr lang nicht von seinem Grundherrn aufgestöbert wurde. „Ich geh in die Stadt!", flüsterte Trenk.

Kinderbuch   Hörspiel   Erzählung   Brettspiel

In der Stadt beobachtet der kleine Trenk, wie ein Ritter einen kleinen Jungen auf seinem Pferd festhält:

„Als Ritter geboren, als Ritter gestorben, Ritter ein Leben lang!", schrie er und manövrierte sein Ross haarscharf an Schnöps und Fuchs vorbei, die sich erschrocken ganz fest gegen die Kirchenmauer pressten. „Da hilft dir kein Geschrei und Gejammer, Zink! Ritter musst du werden und Ritter sollst du werden!"
„Ich will das aber nicht, ich will das aber nicht!", schrie der Junge vor ihm auf der Pferdedecke und klammerte sich an der Mähne fest. „Ich will nicht gegen den gefährlichen Drachen kämpfen, nein, nein, nein!"

Du hast nun einige Informationen über den kleinen Ritter Trenk und sein Leben bekommen. Auch in anderen Büchern kannst du viel über das Leben im Mittelalter lesen. Aber stimmt wirklich alles, was in den Geschichten steht? Kirsten Boie hat für ihr Buch gut recherchiert. Sie hat sich mit vielen Quellen über und aus dem Mittelalter beschäftigt:

Vieles von dem, was in dieser Geschichte erzählt wird, entspricht den tatsächlichen Verhältnissen zur Zeit der Ritter und Räuber und braucht auch Geschichtslehrer nicht zu verstören. Bei anderem bin ich mir nicht so sicher.
Drachen, zum Beispiel, gab es meines Wissens nicht.

Es stimmt tatsächlich, dass Bauern oft einem Herrn gehörten. Sie bekamen Land von ihrem Herrn. Dieses durften sie bearbeiten. Die Bauern mussten sehr viel ihrer Ernte an den Herrn abgeben.
Außerdem mussten die unfreien Bauern Frondienste leisten, schwere körperliche Arbeiten auf dem Land des Grundherrn. Als Gegenleistung wurden die Bauern von ihrem Herrn bei Angriffen beschützt.

Das Sprichwort „Stadtluft macht frei" entspricht der Wahrheit. Ein Stadtrecht besagte, dass die Bauern genau ein Jahr und einen Tag in der Stadt leben mussten, ohne von ihrem Grundherrn entdeckt zu werden. Jeden Tag hatten die Bauern Angst und hielten sich daher versteckt.
Wenn der Grundherr den Bauern entdeckte, brauchte der Grundherr sieben Zeugen. Diese mussten bestätigen, dass der Bauer dem Herrn gehörte.

„Als Ritter geboren, als Ritter gestorben, Ritter ein Leben lang", das stimmt auch.
Im Mittelalter gab es drei Klassen von Menschen. Sie werden Stände genannt. Jeder Mensch wurde innerhalb eines Standes geboren. Diesen Stand konnte man nur sehr, sehr selten verlassen. Daher blieb ein Ritter ein Ritter, ein Bauer blieb ein Bauer und ein Fürst blieb ein Fürst.

Welche Informationen hast du über das Leben im Mittelalter bekommen? Was ist wahr, was ist erfunden? Sprich mit deinem Partner.

Hast du den kleinen Ritter Trenk schon in anderen Medien gesehen?

Welche Rittergeschichten kennst du noch?

Das Buch lese ich weiter!

Experte   Quellen   befragen   recherchieren   55

Ich fühle mich so himmelblau

Ich bin so glücklich und möchte am liebsten die ganze Welt umarmen.

Heute ist alles so öde, ich fühle mich mies und könnte einfach nur heulen.

Heute bin ich richtig wütend. Ich könnte jeden anbrüllen und meckere die ganze Zeit herum.

Ich bin richtig gut drauf, könnte den ganzen Tag nur Quatsch machen und lachen.

Ich habe sehr gute Laune und könnte alles schaffen.

Im Moment geht es mir nicht gut. Ich fühle mich ganz tief unten, bin völlig verzweifelt.

Ich fühle mich so himmelblau,
bin glücklich, wenn ich um mich schau'.
Noch gestern war die Welt so leer,
ich fühlte mich nur grau und schwer.
Wie geht es dir?
Wie fühlst du dich?
Ganz rosarot, pechschwarz, nur grün –
oder heut' auch himmelblau,
so glücklich und kein bisschen grau.

56

fröhlich   traurig   gutgelaunt
wütend   verzweifelt

Heute geht es mir einfach wunderbar. Ich fühle mich, als würde ich auf einer Wolke schweben.

Irgendwie fühle ich mich so leer, alles ist so langweilig. Ich habe zu überhaupt nichts Lust.

Es geht mir richtig klasse, ich bin so froh und könnte platzen vor Stolz.

Ich fühle mich so allein und habe Angst.

Zur Zeit kann mich gar nichts aus der Ruhe bringen, ich bin ganz gelassen.

Gerade war ich noch recht glücklich, jetzt bin ich ganz betrübt.

Ich bin völlig durcheinander, weiß gar nicht, was ich tun soll.

Ordnet Farben und Gefühle einander zu.
Vergleicht und sprecht darüber.
Spielt die Gefühle pantomimisch vor.
Benennt sie mit treffenden Begriffen.
Malt und schreibt zu euren Gefühlen.
Ihr könnt daraus eine Collage erstellen oder eine Wand im Klassenzimmer gestalten.

gelassen   stolz   einsam   glücklich   57
unzufrieden

An manchen Tagen finde ich mich so …

Ich sehe aus wie Pippi Langstrumpf mit den vielen Sommersprossen.

Alle in der Klasse haben diese coolen Turnschuhe, nur ich nicht.

Alle meine Freundinnen sind viel dünner als ich.

Im Sport bin ich einfach immer gut!

Das neue Deo aus der Werbung brauche ich unbedingt. Bestimmt redet Sven aus der 4 b dann mal mit mir.

Meine Haarfarbe konnte ich noch nie leiden.

Mit meiner neuen Brille sehe ich echt chic aus.

Schade, dass ich nicht größer bin. So wie die eine Schauspielerin in dem neuen Kinofilm.

Machen Jungen sich auch solche Gedanken?

Lea denkt über sich nach:
Was gefällt ihr?
Was stört sie?

Wenn sie nur mal mit mir reden würde, ich finde sie total nett. Vielleicht muss ich meine Haare anders stylen?

So tolle rote Haare wie Lea hätte ich auch gerne.

Die Sommersprossen sehen echt süß aus, richtig frech!

Sie war schon als Kind so sportlich, ich bin so stolz auf sie.

Lea hat so schöne Augen, sie sieht richtig hübsch aus.

Leas Klamotten sehen immer echt cool aus, alles passt zusammen.

Mir gefällt sie richtig gut, außerdem ist sie so lustig, man kann super Quatsch mit ihr machen.

Auch ihre Familie, ihre Freunde und Freundinnen denken über sie nach. Vergleiche. Was stellst du fest? Besprich dich mit deinem Partner.

Hast du schon Ähnliches gedacht oder erlebt?

Typisch Mädchen? Typisch Junge?

Mädchen und Jungen sind verschieden, das ist klar.
Aber worin unterscheiden sie sich eigentlich?
Was wird von Mädchen erwartet, was von Jungen?
Gibt es typische Mädchen- oder Jungeneigenschaften
beziehungsweise Mädchen- oder Jungentätigkeiten?
Wie ist denn ein Junge?
Wie genau ist ein Mädchen?

sportlich

Haare stylen

ängstlich

Spülmaschine ausräumen

mutig

Zimmer aufräumen

Fahrrad reparieren

mit Mama / Papa schmusen

höflich

Schau dir die Bild- und Wortkarten an und ordne sie zu:
Mädchen – Junge. Begründe deine Auswahl.
Sprich mit den anderen darüber.

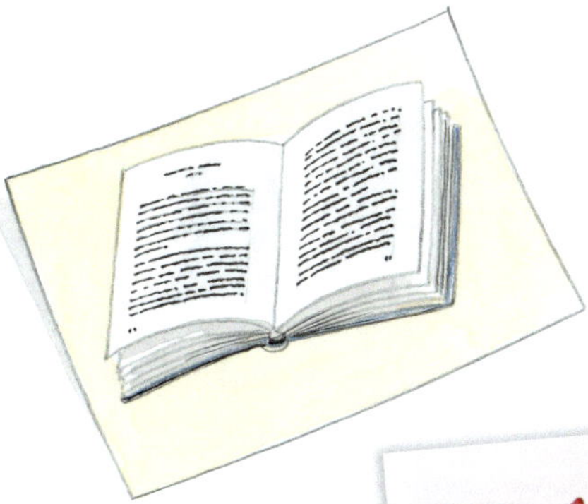

Karten sammeln und tauschen

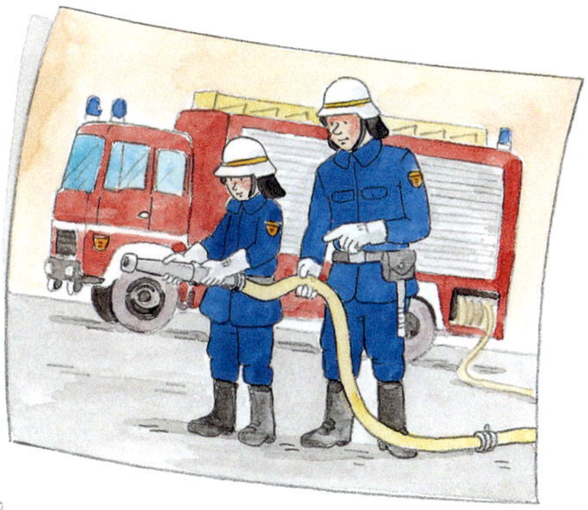

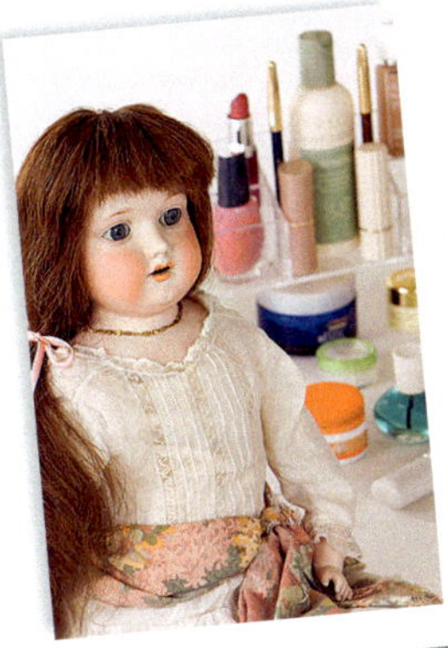

Basketball spielen

schlau

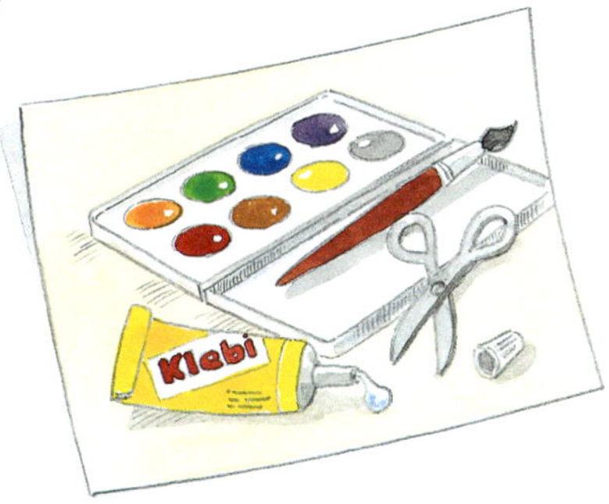
Klebi

eine SMS schreiben

Hip-Hop tanzen

Kuchen backen

weinen

schüchtern

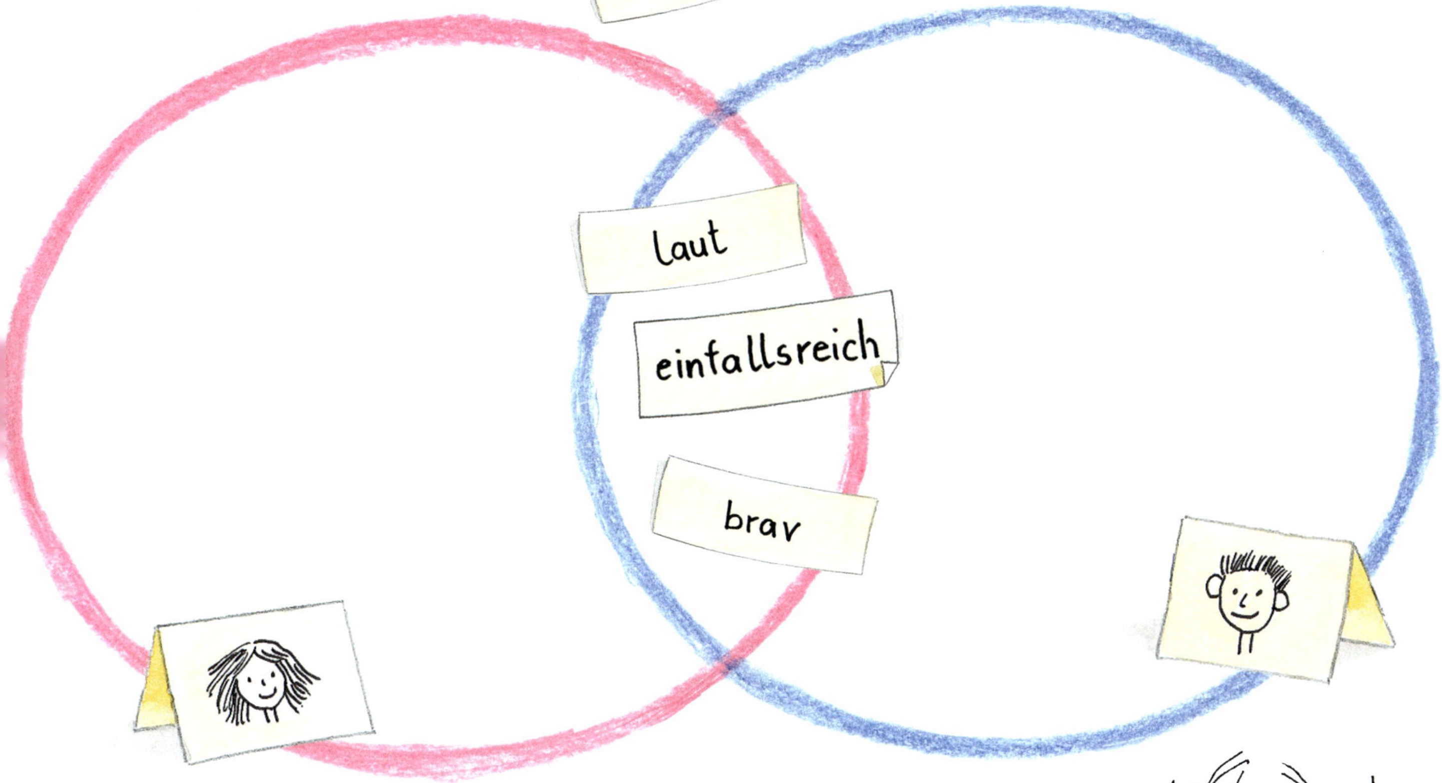
laut
einfallsreich
brav

Du kannst weitere Karten schreiben oder zeichnen.

Meine Stärken

Mir gefällt es, dass ich
oft gute Laune habe.

Auf meine Ehrenurkunde
bei den Bundesjugendspielen
bin ich besonders stolz.

Ich schaffe es jetzt schon besser,
mich zu entschuldigen.

Meine Stärken

Fragebogen

Darauf bin ich besonders stolz

dass ich so schnell rennen kann.

Besonders gut kann ich ...

anderen zuhören

Das mag ich an mir

meine grünen Augen

Das möchte ich noch verändern

nicht so ungeduldig sein

Das mögen andere an mir

mein Lachen

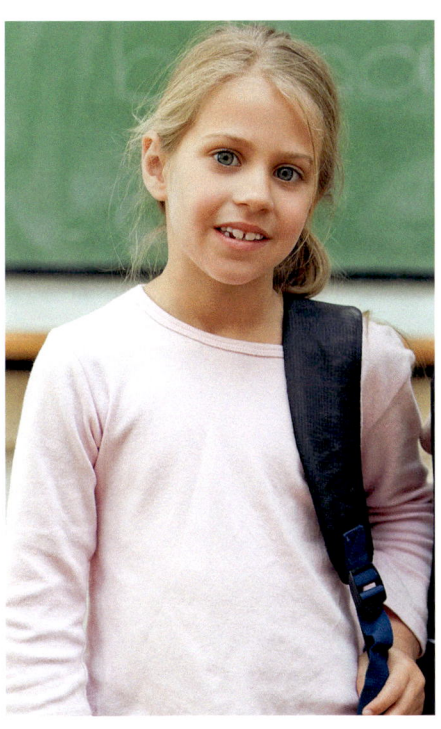

Ich kann toll Schlagzeug spielen
und bin in unserer Schulband.

Wenn jemand etwas
nicht weiß, kann ich es
sehr gut erklären.

Jeder Mensch kann etwas.
Manche Dinge sogar besonders gut,
andere fallen ihm vielleicht schwer.

Sucht nach euren Stärken.
Sammelt die Ergebnisse mit Hilfe
eines Fragebogens.

Meine Mutter findet,
dass ich sehr hilfsbereit bin.

Gibt es Stärken und Talente, die viele Kinder
in eurer Klasse haben?
Worin unterscheidet ihr euch?
Gestaltet Plakate und stellt sie anderen vor.

Wem könnt ihr mit euren Stärken eine Hilfe sein?
Sammelt Ideen dazu.

Talent   schaffen   können   Fähigkeit
   verändern   Stärke   verbessern   stolz

63

So etwas sagt man doch

Lea mag ihren Großvater. Nur eines mag sie nicht:
dass er ihr zur Begrüßung immer einen Kuss gibt.
„Da ist doch nichts dabei", meint Mama. „Opa mag
dich eben."
„Aber er soll mich trotzdem nicht küssen", sagt Lea.
„Mit seinem stacheligen Bart pikst das so eklig."
„Na, na! Stell dich nicht so an", brummt Papa.
„Doch! Und das sage ich auch dem Opa."
„Das wirst du nicht tun, sonst ist der Opa
nämlich gekränkt und beleidigt", entgegnet Papa.
Lea schweigt. Aber sie nimmt sich fest vor,
ihrem Großvater zu sagen, was sie nicht mag.
Zwei Wochen später besuchen sie ihn.
Und als Großvater Lea zur Begrüßung küssen will,
hält sie schnell beide Arme vors Gesicht.
„Opa, ich hab dich lieb, aber ich mag nicht,
dass du mich küsst. Das pikst immer so",
sagt sie hinter den schützenden Armen.
„Lea!", zischt Papa.
Großvater steht einen Augenblick lang nur da.
Er scheint nachzudenken.
Dann schiebt er behutsam Leas Arme nach unten.
„Gut, dass du mir das gesagt hast, Lea."
Er beugt sich zu ihr nieder.
„Darf ich dich stattdessen in den Arm nehmen?"
Lea nickt.

Manfred Mai

Lea hat sich richtig verhalten.

In jeder Situation ist es wichtig, auf sich selbst und
die eigenen Gefühle zu achten.
Besonders auch dann, wenn du von jemandem berührt wirst.
Sage deutlich „NEIN", wenn dir etwas unangenehm ist.
Beschreibe dem anderen, was du fühlst.
Sprich darüber, was dir gut tut und was du gar nicht magst.
Das Gleiche gilt für dich: Achte die Gefühle von anderen!

Nein

Gefühle   Berührungen   achten
          angenehm   unangenehm

Was wäre, wenn …?

Es macht dir sicher Spaß, immer wieder etwas Neues auszuprobieren.
Du kommst ständig in andere Situationen, machst Dinge zum ersten Mal.
Sammle Beispiele.
Jedes Mal musst du dich dabei neu entscheiden.
Will ich das machen?
Soll ich es lieber sein lassen?
Traue ich mir das zu?

Auch Josefine muss sich entscheiden:

… stinke ich nach Rauch und meine Eltern merken was, sie regen sich sicher furchtbar auf.

… fange ich vielleicht richtig an zu rauchen.

… wirke ich älter und gefalle Thomas dann besser.

… sieht mich jemand und ruft meine Eltern an.

Wenn ich jetzt diese Zigarette rauche, …

… schade ich meiner Gesundheit.

… finden meine Freundinnen mich sicher ganz cool.

… wird es mir wahrscheinlich schlecht.

Warum sollte sich Josefine besser
für ein **Nein** entscheiden?
Denke darüber nach und begründe.

Auch hier musst du dich entscheiden:
Wenn ich jetzt …

… diese CD klaue?   … noch weniger esse?   … anderer Meinung bin?

… zurückhaue, wenn meine große Cousine mich kneift?

Schreibe auf und diskutiere.

Draußen toben – das macht Spaß!

Draußen ist wieder eine Menge los.
Die Kinder toben und spielen, jeder macht das,
wozu er gerade Lust hat.
Fast jeden Tag gibt es Zusammenstöße und Rangeleien.
Was könnte heute passieren?
Wo lauern Gefahren?

66   stürzen   hinfallen   aufschürfen   schubsen

Schau dir das Bild in Ruhe an und beschreibe.
Was genau tun die Kinder?
Kann dabei etwas passieren?
Wo könnte es gefährlich werden?
Weißt du, was zu tun ist, wenn ein Kind sich verletzt?

stolpern   verletzen   ausrutschen   umkippen   **67**

Jederzeit zur Hilfe bereit

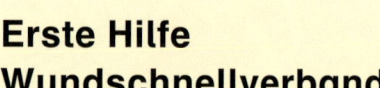

Weißt du, was ein Juniorhelfer ist?
Auch du kannst einer werden.
Es sind Kinder, die Mut beweisen und
jederzeit bereit sind, anderen zu helfen.
Sie haben eine Erste-Hilfe-Ausbildung
gemacht und gelernt, wie man selber helfen
kann und wann man Hilfe holen muss.

Erste Hilfe Wundschnellverband

1. Schneide ein Stück Wundschnellverband ab. Es sollte groß genug sein und die passende Breite haben.

Ich weiß, was ich tun muss.

Das Kind hat sich den Ellbogen aufgeschürft. Es hat Schmerzen. Die drei ⓐ stehen für ansehen, ansprechen und anfassen.

Eva tröstet das Kind und macht ihm Mut. Sie erklärt ihm, wie sie helfen möchte.

Sie berührt weder die Wunde noch das Verbandsmaterial.

Eva wäscht die Wunde nicht aus.

Sie verwendet keine Salben oder Hausmittel.

Falls Eva Fremdkörper in der Wunde entdeckt, entfernt sie diese nicht.

Eva

Mit dem Wundschnellverband kannst du auch ein aufgeschürftes Knie versorgen.

Abuzar (Abu)

Es gibt auch noch andere Organisationen, bei denen du einen Erste-Hilfe-Kurs machen kannst.

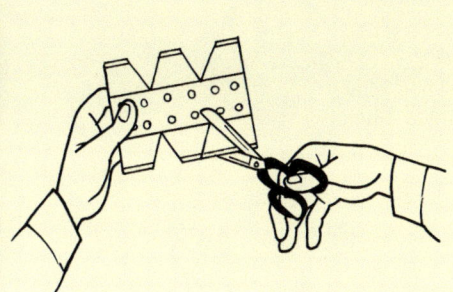

2. Schneide auf jeder Seite aus den Klebstreifen zwei Dreiecke heraus.

3. Ziehe beide Schutzfolien ab. Du darfst die Wundauflage dabei nicht berühren!

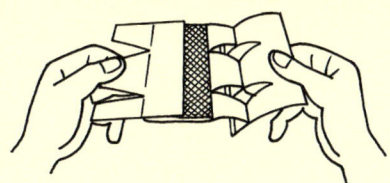

Achte darauf, dass der Verletzte seinen Ellbogen leicht anwinkelt. Klebe den Wundschnellverband auf. Nur die Wundauflage darf die Wunde berühren, die Klebeflächen nicht!

Erste Hilfe kann das Leben eines Menschen retten.
Darum ist es wichtig, dass jeder den Mut hat zu helfen.

Auch du kannst einen NOTRUF absetzen.
Deine Hand mit deinen fünf Fingern hilft dir dabei,
dass du nichts vergisst. Nenne zuerst deinen
Namen und beantworte dann die fünf W-Fragen,
die Jonas stellt!

Hilfe rufen / Notruf
Ermutigen und trösten
Lebenswichtige Funktionen kontrollieren
Decke unterlegen / zudecken

WIE viele Betroffene sind es?

WAS ist geschehen?

WO ist der Unfall?

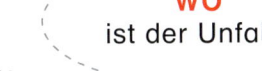
WELCHE Verletzungen liegen vor?

WARTEN auf Rückfragen

Die Telefonnummer des Notrufes ist **112**.

Jonas

Lena

Lege ein Erste-Hilfe-Büchlein an,
in welchem du aufschreibst,
was du schon gelernt hast.
Beginne mit dem Wundschnellverband.

Was sehen unsere Augen?

hell   dunkel   Formen   Farben

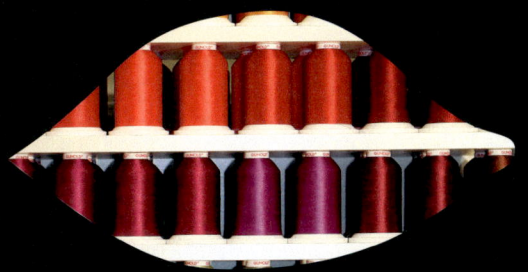

Wie sehen wir?

Hier findest du Forscheraufträge, mit denen du die Funktionsweise deiner Augen erkunden kannst. Du wirst staunen, wie perfekt die einzelnen Teile aufeinander abgestimmt sind und wie hervorragend Auge und Gehirn im Team zusammenarbeiten.

Lege eine Forschermappe an und gestalte für jeden Auftrag eine Seite.

Forscherauftrag 1:

Betrachte deine Augen im Spiegel.
Zeichne ein Auge ab.
Ordne deiner Skizze diese Begriffe zu:

– Augenbraue

– Augenlid

– Wimpern

– Pupille

– Regenbogenhaut

– Tränendrüse

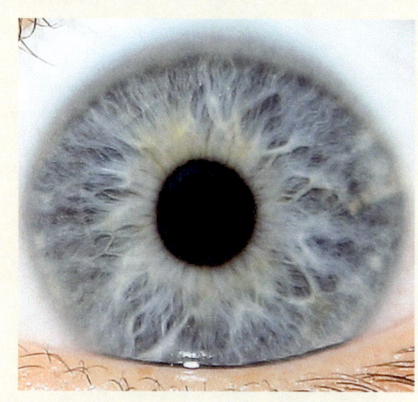

Forscherauftrag 2:

Welche Augenfarben entdeckt ihr bei euren Mitschülern?

Wenn wir von Augenfarbe sprechen, meinen wir eigentlich die Farbe der Regenbogenhaut. Die Regenbogenhaut heißt auch Iris.

Betrachte die Iris deiner Mitschüler. Erstelle ein Diagramm zu den Augenfarben deiner Mitschüler.

Forscherauftrag 3:

Sucht im Internet nach Fotos der Regenbogenhaut.
Als Suchbegriffe könnt ihr eingeben:
Regenbogenhaut – Bilder oder
Suren Manvelyan – Bilder (Manvelyan ist der Name eines berühmten Fotografen, der faszinierende Bilder der Iris gemacht hat)

Dein Auge ist so groß wie ein Tischtennisball. Doch der größte Teil deines Auges ist von außen nicht zu sehen. Es liegt in deinem Kopf in der Augenhöhle und wird von Muskeln gehalten. Die verborgenen Teile des Auges kannst du an einem Modell genauer betrachten.

Forscherauftrag 4:

Hole dir das große Modell des Auges. Zerlege es vorsichtig in seine einzelnen Teile. Kannst du mithilfe der Zeichnung die Teile benennen? Baue das Augenmodell wieder richtig zusammen.

Wie arbeiten die einzelnen Teile des Auges und das Gehirn zusammen?

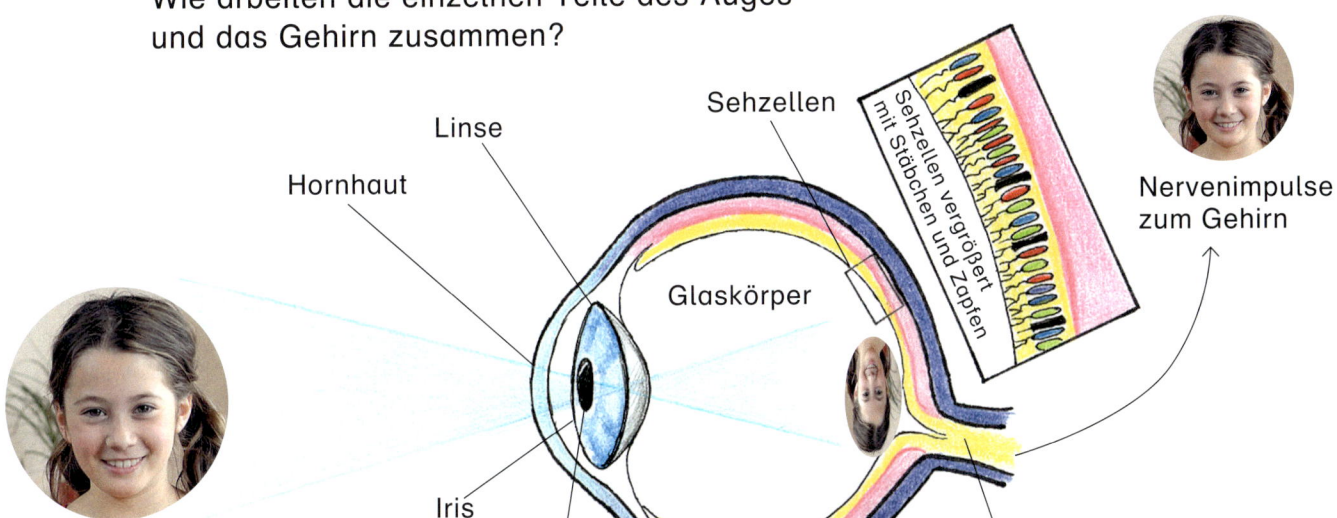

Hornhaut · Linse · Sehzellen · Glaskörper · Iris · Pupille · Netzhaut · Sehnerv

Sehzellen vergrößert mit Stäbchen und Zapfen

Nervenimpulse zum Gehirn

Die Lichtstrahlen dringen durch die **Hornhaut**. Die Hornhaut ist die äußerste Schicht deiner Augen. Sie bricht und bündelt die Lichtstrahlen.

Das Licht fällt durch die **Pupille** auf die Linse. Die Pupille wird auch Sehloch genannt.

Die **Linse** bündelt ebenfalls das Licht.

Sie leitet das Licht über den **Glaskörper** weiter auf die Netzhaut.

Auf der **Netzhaut** liegen winzige Sehzellen (Stäbchen und Zapfen) dicht an dicht. 100 Millionen passen in jedes Auge. Mit den Zapfen kannst du Farben sehen. Wenn es dunkel wird, arbeiten die Zapfen nicht mehr. Dann arbeiten die Stäbchen alleine. Du erkennst nur noch schwarz, weiß oder grau.

Auf der Netzhaut entsteht ein Bild, das auf dem Kopf steht.

Der **Sehnerv** leitet dieses Bild an dein Gehirn weiter.

Erst **das Gehirn** verarbeitet alle Informationen so, dass du das Bild richtig herum siehst.

Das kann ich mir gar nicht vorstellen.

Wir bauen uns eine Lochkamera. Dann wirst du schon sehen.

Warum können wir unseren Augen nicht immer trauen?

Manchmal werden unsere Augen und unser Gehirn getäuscht. Dann glauben wir Dinge, Farben oder Bewegungen zu sehen, die es so eigentlich gar nicht gibt. Unser Gehirn verarbeitet die Informationen, die ihm das Auge liefert und verbindet es mit Erfahrungen, die wir bereits gemacht haben. Man kann unser Gehirn also mit optischen Täuschungen überlisten.

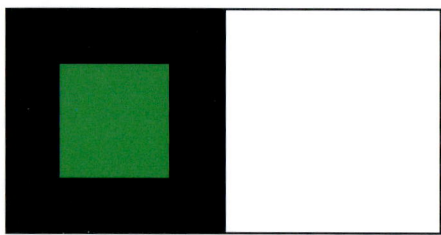

Starre dreißig Sekunden auf das grüne Quadrat. Schaue danach auf die rechte freie Fläche daneben. Was siehst du?

Das zweite Quadrat entsteht, weil du ein sogenanntes Nachbild auf deiner Netzhaut siehst. Es hat auch eine andere Farbe: die Gegenfarbe Rot.

Siehst du das weiße Dreieck?

Das Bild besteht eigentlich nur aus schwarzen Strichen und Teilen von schwarzen Kreisen. Dein Gehirn möchte bekannte Muster wiedererkennen und fügt deshalb gedachte Linien zu einem Dreieck zusammen.

Blicke in die Mitte der Kreise. Was passiert?

Das Muster aus hellen und dunklen Bereichen reizt die Teile im Gehirn, die für Bewegung zuständig sind. Das Gehirn meint, es sieht eine Bewegung.

Sammle in Büchern oder im Internet weitere optische Täuschungen. Welche findest du besonders faszinierend?

Warum haben wir zwei Augen?

Jede Sekunde, die du wach bist, arbeiten deine Augen und liefern dir wichtige Informationen aus deiner Umwelt. Mit ihrer Hilfe kannst du genau erkennen, wo sich Dinge im Raum befinden. Du kannst auch richtig einschätzen, welche Entfernung sie zu dir haben. Das nennt man räumliches Sehen.

Wie gelingt das Einschenken besser?

Du brauchst:
eine Flasche Saft, einen Becher, eine Augenklappe

So wird es gemacht:
Setze die Augenklappe auf.
Versuche den Saft in den Becher zu gießen.
Setze die Augenklappe ab und wiederhole den Versuch noch einmal. Geht das Einschenken mit einem oder mit zwei Augen besser?

Ein Loch in der Hand

Du brauchst:
ein Blatt Papier

So wird es gemacht:
Rolle das Papier zu einer Röhre. Halte die Röhre vor dein linkes Auge und halte die rechte Handfläche neben die Röhre. Schaue so aus dem Fenster und lass beide Augen offen. Was passiert?

So kannst du es erklären.
Dein Gehirn fügt die unterschiedlichen Bilder der beiden Augen zu einem einzigen Bild zusammen. Das ist wichtig, damit du Dinge räumlich sehen kannst.

Sammelt in der Gruppe Beispiele: Wo ist es wichtig für mich, Entfernungen richtig einzuschätzen?

Auch beim Fahrradfahren ist räumliches Sehen besonders wichtig.
Betrachte die Fotos auf Seite 169.

Wie sind unsere Augen geschützt?

Dein Körper schützt dein wichtigstes Sinnesorgan auf vielfältige Weise.
Führt die Versuche durch und beobachtet genau. Könnt ihr dann erklären,
warum das so ist? Was bedeutet das für unser Auge?
Die Wörterleiste hilft euch dabei.

Versuch 1:
Wovor schützen die Augenbrauen?

Ihr braucht:
ein Glas mit Wasser, eine Pipette

So wird es gemacht:
Ziehe etwas Wasser in die Pipette.
Tropfe deinem Partner vorsichtig einen
Tropfen Wasser über der Augenbraue
auf die Stirn.

Versuch 2:
**Wann schließt sich dein Auge
automatisch?**

Ihr braucht:
Föhn, Taschenlampe, einen Partner

Probiert aus:
Wie funktioniert der Schließreflex
des Auges?

Versuch 3:
**Wovor schützen Augenlider
und Wimpern?**

Ihr braucht:
Wattebausch, ein Döschen mit Mehl

So wird es gemacht:
Tupfe den Wattebausch leicht in das
Döschen mit Mehl. Staube ihn vorsichtig
über dem Auge deines Partners aus.
Dein Partner soll leicht nach unten
schauen.

Versuch 4:
**Sind deine Pupillen immer
gleich groß?**

Ihr braucht:
einen Spiegel, eine kleine Lampe und
einen Raum, den man verdunkeln kann

So wird es gemacht:
Verdunkle den Raum so, dass du im
Spiegel gerade noch deine Pupillen
erkennen kannst. Stelle die Lampe direkt
neben dich. Knipse die Lampe an und
beobachte dabei wieder deine Pupillen.
Probiere es mehrmals aus. Wann werden
die Pupillen groß? Wann werden sie
klein?

So kannst du selbst etwas zum Schutz deiner Augen tun:

Schweiß   Schmutz   Licht   Sonne
Schließreflex   Fremdkörper   Verletzungen   Stöße

Schule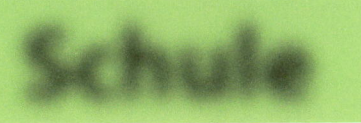

Viele Kinder und Erwachsene können alles, was ganz nah oder fern ist, nicht sehr scharf sehen. Sie brauchen eine Sehhilfe wie Brille oder Kontaktlinsen.

Menschen mit Sehbehinderung hilft eine Brille allein nicht mehr weiter. Sie brauchen zusätzliche Hilfsmittel wie Lupen oder Bildschirm-Lesegeräte. Außerdem benutzen sie ihre anderen Sinne wie Tasten, Riechen, Schmecken und Hören intensiver, um ihre Umwelt zu erfahren.

 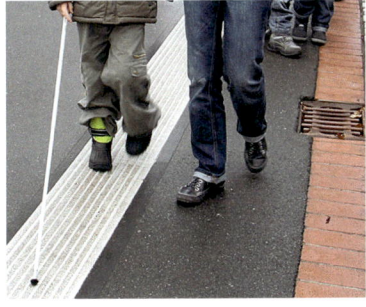 

Manche Menschen sehen gar nichts oder können nur hell und dunkel unterscheiden. Manche Babys werden so geboren, manche Menschen werden durch einen Unfall oder durch eine Krankheit blind.

Mit dem Blindenstock lernen sie, den Boden abzutasten und Hindernisse zu erkennen. Sie hören sogar damit: Gehwegplatten machen ein anderes Geräusch als der Straßenbelag.

Kinder mit Blindheit lernen mit einer besonderen Schrift lesen. Jeder Buchstabe besteht aus einer bestimmten Anordnung von Punkten, die die Kinder mit ihren Fingerspitzen erfühlen.

Sie können auch Sport treiben. Beim Ski-langlauf orientieren sie sich an den Spurrillen.

Mit einem besonderen Ball, der Geräusche macht, können sie auch Fußball spielen.

Suche im Internet weitere Hilfsmittel, mit denen blinde Menschen ihren Alltag selbstständig meistern können.

Farberkennungs-gerät   Einschenkhilfe   Münzsortierer   Blindenzeichen   Tastspiel

 # Flizzy und die Fahrrad-Detektive

Hallo Flizzy! Was ist denn mit dir los? Du siehst traurig aus. Geht es dir nicht gut?

Flizzys Fahrrad ist weg ...

Wahrscheinlich geklaut, es war an dem Baum dort angekettet.

Die Polizei hat gesagt, man kann nicht viel machen. Nur abwarten.

Oje! Das tut mir leid. Ich habe gehört, dass noch mehr Fahrräder verschwunden sind. Alles Super-BMX-Räder, wie deins. Das kann doch kein Zufall sein.

Ja, Woody Wasch- bärs Bike ist auch weg. Ich habe ihn vorhin getroffen.

Wisst ihr was? Wenn die Polizei nichts macht, dann ermitteln wir auf eigene Faust.

Wie echte Detektive!!!

Und wie sollen wir das anstellen?

Im Fernsehen befragen die Detektive immer zuerst die Opfer. Das könnten wir doch auch so machen!

Ja! Super! Das klingt aufregend!

Gesagt! Getan!

Niemand hat etwas bemerkt.

Und nun?

Ich habe eine Idee!

Wir könnten im Internet, bei Freundebuch, nachsehen, ob es Auffälligkeiten gibt oder Gemeinsamkeiten.

Seht euch das mal an!

Alle haben Fotos von sich und ihren Fahrrädern offen gepostet, für jeden sichtbar, und ihre Adressen auch!

Das muss es sein! Der Täter sucht sich die Räder im Internet aus!

Aber mein Profil kann nicht von jedem gesehen werden, nur ...

Der Dieb könnte einer deiner Freunde sein!

Nein, das kann nicht sein, das kann ich mir nicht vorstellen.

Es gibt einen Weg, das herauszufinden. Wir müssen dem Dieb eine Falle stellen. Wir stellen mein Super-BMX-Rad an dieselbe Stelle an dem Baum, Flizzy postet ein Foto von dem Fahrrad in seinem Profil und wir warten ab, was passiert. Vielleicht versuchen die Diebe, es sich zu holen ...

Ja, wenn das Rad gestohlen wird, können wir es verfolgen.

Am Abend ...

Seht mal, da tut sich was!

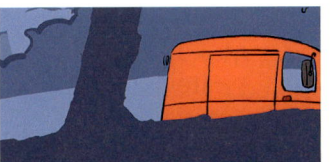

Nicht so eilig, Freunde! Die entkommen uns nicht.

Und, Flizzy? Kommt dir einer der beiden bekannt vor?

Nein, ich glaube nicht, aber ich konnte sie auch nicht richtig sehen in der Dunkelheit.

Wenig später in einem Wald nahe der Stadt.

Seht mal, der Transporter.

Ich rufe mal besser die Polizei.

Hast du das gehört? Da ist doch jemand!

Das muss der Stützpunkt der Diebe sein. Da stehen auch Fahrräder neben dem Schuppen.

KNACK

Na? Wen haben wir denn da? Die kleinen Schnüffler von heute Nachmittag!

Das sind ja die Arbeiter aus Woodys Haus!

Ihr habt wohl eure Nasen zu tief in fremde Angelegenheiten gesteckt! Los! Mitkommen! In den Schuppen!

Plötzlich:

HÄNDE HOCH POLIZEI!!!

Kurz darauf:

Wahrscheinlich haben die uns irgendwie über Woodys Computer ausspioniert. Woody hatte sicher gar keine Ahnung.

Ja, genau! Hähä, es war einfach kinderleicht. Wir reparieren gerade eine Wasserleitung in Woodys Haus ...

Und alles hätte so schön geklappt, wenn ihr nicht eure miesen, kleinen Nasen überall reinstecken ...

Der Junge lässt ständig den Computer an, man muss ihn nur aufklappen und los gehts. Alles geht ganz schnell. Er loggt sich nicht mal bei Freundebuch aus. Ich musste nur den Browser öffnen und hatte alles: Namen, Adressen. Harhar! Sogar den Platz, an dem die Kinder ihre Räder abstellen, konnte man auf Fotos sehen.

Los jetzt! Mitkommen! Auf diese Zwei sind wir schon lange scharf. Der Bürgermeister hat eine Belohnung ausgesetzt. Die dürfte euch sicher sein!

Aufgepasst im Internet!

Hast du den Comic „Flizzy und die Fahrrad-Detektive"
auf Seite 78/79 gelesen?
Wie konnten die Fahrraddiebe gefasst werden?

Ich habe eine Idee!

Wir könnten im Internet, bei Freundebuch, nachsehen, ob es Auffälligkeiten gibt, oder Gemeinsamkeiten.

„Soziale Netzwerke" (z. B. „Freundebuch")

In einem sozialen Netzwerk kann man sich im Internet austauschen und miteinander reden. „Sozial" bedeutet, dass man dies mit anderen zusammen tut, in einer Gemeinschaft.

Ein „Netzwerk" meint eine Gruppe von Menschen, die untereinander Kontakt hat. Um an einem sozialen Netzwerk teilnehmen zu können, muss man entsprechende Internetseiten besuchen. Es gibt Netzwerke zu ganz unterschiedlichen Themen.

Wichtig:

- Auch in sozialen Netzwerken solltest du vorsichtig sein. Du weißt nämlich nicht, wer sich hinter einem noch so netten Profil verbirgt. Verrate niemals zu viel von dir und deiner Person!

Seht euch das mal an!

Alle haben Fotos von sich und ihren Fahrrädern offen gepostet, für jeden sichtbar, und ihre Adressen auch!

„posten"

Meist postet man Nachrichten oder auch Bilder und Fotos. Das macht man auf den Profilen in sozialen Netzwerken im Internet.
So kann jeder, der das Profil sehen darf, auch diese Nachricht lesen oder das Bild anschauen.

Wichtig:

- Auch beim Posten solltest du dir vorher genau überlegen, was du den anderen mitteilen oder zeigen willst.

„Profil"

Jeder, der in einem „sozialen Netzwerk" oder in einer sogenannten „community" unterwegs ist, braucht ein Profil. Das ist so etwas wie ein Steckbrief. Das Profil enthält zum Beispiel Namen, Alter, Hobbies oder ähnliche Dinge. Mit dem Profil stellt man sich den anderen vor, um sich dann vielleicht mit ihnen auszutauschen.

Aber mein Profil kann nicht von jedem gesehen werden, nur ...

Wichtig:

- Schütze dein Profil! Nur deine Freunde sollten es sehen können.
- Trage nur ein, was jeder über dich wissen darf.
- Denke dir einen Spitznamen aus. Nimm nicht deinen richtigen Namen. Dein Alter oder dein Geburtstag sollten auf keinen Fall darin enthalten sein.
- Nimm keine Originalfotos von dir, sondern ein anderes Bild zum Beispiel von deiner Lieblingspuppe oder deinem Lieblingskuscheltier.

Der Junge lässt ständig den Computer an, man muss ihn nur aufklappen und los gehts. Alles geht ganz schnell. Er loggt sich nicht mal bei meintoonprofil aus.

„einloggen" oder „Log-in"

Auch dieser Begriff kommt aus dem Englischen. Er bedeutet „sich einwählen". Wenn du dich also einloggst, dann wählst du dich in ein Computersystem ein. Dazu brauchst du einen Benutzernamen und ein Passwort. So wird überprüft, ob du dich überhaupt einwählen darfst. Einloggen kann man sich zum Beispiel auf eine Internetseite auf der man etwas einkaufen will oder in einen „Chatraum".

„ausloggen" oder „Log-out" (sprich: log-aut)

Wenn du zum Beispiel die Einkaufsseite oder den Chatraum wieder verlassen möchtest, musst du dich ausloggen. Das bedeutet, dass du dich abmeldest und die Verbindung beendet wird.

„Passwort"

Ein Passwort brauchst du, um dir Zutritt zu etwas zu verschaffen. Meistens darf man sich das Passwort selbst ausdenken oder kann ein vorgegebenes Passwort selber ändern. Passwörter sind auch im Internet sehr wichtig, sie sind wie ein Geheimnis, das du niemandem verraten solltest.

Wichtig:

- Mische Zahlen und Buchstaben in deinem Passwort, um es sicherer zu machen.
- Wähle dafür mehr als sechs Zeichen.
- Achte auf Groß- und Kleinschreibung.
- Benutze nicht deinen Namen oder dein Geburtsdatum.
- Suche es so aus, dass du es dir gut merken kannst.

Ich musste nur den Browser öffnen und hatte alles: Namen, Adressen. Harhar! Sogar den Platz, an dem die Kinder ihre Räder abstellen, konnte man auf Fotos sehen.

„Browser" (sprich: brauser)

ist englisch und bedeutet wörtlich übersetzt „Anzeiger". Aber was zeigt ein Browser an? Der Computer und das Internet haben eine ganz eigene Sprache. Die Sprache des Internets heißt „html". Sie ist sehr kompliziert. Alle Zeichen und Buchstaben, die du im Internet auf dem Computerbildschirm siehst, sind in dieser html-Sprache verschlüsselt geschrieben. Der Browser „übersetzt" die Zeichen so, dass du sie lesen kannst.

Das Internet bietet dir viele Möglichkeiten und kann sehr hilfreich sein, wenn du weißt, was du beachten musst.

Sammelt in der Klasse wichtige „Internet-Tipps" und gestaltet ein Plakat dazu. Informiert auch die anderen Klassen darüber.

Medien – Portfolio

In der Klasse 3/4 gestalten die Kinder ein Portfolio zum Thema „Medien". Sie arbeiten an unterschiedlichen Aufgabenstellungen und versuchen, Fragen rund um das Thema zu beantworten. Die Ergebnisse ihrer Arbeit sammeln und dokumentieren sie in ihrer Portfolio-Mappe. Dort heften sie zum Beispiel Info-Blätter, Fragebögen oder Interviews ab. Auch Fotos von Plakaten oder Stellwänden werden in die Mappe geheftet.

Außerdem schätzen sie ihre Arbeit immer wieder selbst ein oder lassen diese von ihren Mitschülern beurteilen. So erfahren sie, was bereits gut gelungen ist, woran sie noch arbeiten oder was sie verbessern müssen. Das ist sehr wichtig für die Arbeit am Portfolio. Es hilft ihnen zu einem Ergebnis zu gelangen, mit dem sie zufrieden sein können.

Leon sammelt Informationen zum Begriff „Medien". Er liest dazu in einem Lexikon nach und findet folgende Erklärung:

> Das Wort **Medien** kommt aus der lateinischen Sprache und bedeutet: Vermittler. Wenn du dir in der Bücherei ein Buch ausleihst, Zeitung liest, Radio hörst oder am Computer arbeitest, im Internet surfst, fernsiehst, nutzt du Medien.
> Medien sind also Mittel, die benutzt werden, um Informationen, aber auch Bilder oder Filme, zu verbreiten. Mit Hilfe der Medien kannst du dich informieren, etwas lernen, aber auch Ideen austauschen oder dich mit anderen unterhalten.
> Weil sehr viele Menschen Zeitung lesen oder fernsehen, heißen diese Medien auch **Massenmedien**. Sie erreichen mit ihren Nachrichten und Informationen eine große Zahl Menschen. Sie können deren Meinungen also auch beeinflussen. Deshalb solltest du dich in verschiedenen Medien informieren und die Informationen vergleichen.

Fragebogen „Medien"

Name: *Julian*   Klasse: *3/4*

Alter: *8*

Welche Medien benutzt du? Kreuze an.

[X] Computer   [X] Fernseher   [X] Handy

[X] Bücher   [X] CD-Player   [X] Spielkonsole

[ ] Radio   Sonstige: ___

Welche von diesen Medien gehören dir?

Wie oft benutzt du sie? Schreibe auf.

täglich: *Fernseher / Handy / Computer*

mehrmals in der Woche: *Spielkonsole*

einmal in der Woche: *Buch / CD*

einmal im Monat: ___

gar nicht: ___

Selina entwirft einen Fragebogen. Sie möchte verschiedene Klassen der Schule befragen. Die Kinder sollen beantworten, welche Medien sie nutzen und was genau sie damit machen. Julian hat den Entwurf ausgefüllt, nun bespricht er ihn mit Selina.

beurteilen   einschätzen   Informationen
verbessern

Eva hat sich dafür entschieden, ein Interview zum Thema vorzubereiten. Gemeinsam mit Daniel sammelt sie geeignete Fragen:

- Weißt du, was „Medien" sind?
- Welche Medien kennst du?
- Gibt es welche, die du besonders gern oder viel benutzt? Warum?
- Hast du ein eigenes Handy? Wenn ja, was machst du damit?
- Fotografierst du gerne? Hast du eine Digitalkamera oder machst du Fotos mit dem Handy?

Svenja interessiert sich besonders für das Fernsehen. Sie hat schon viele interessante Dinge herausgefunden. Nun gestaltet sie eine Stellwand mit „Wusstest du"-Fragen. Nils hilft ihr dabei.

Wusstest du, dass sechs- bis neunjährige Kinder jeden Tag ungefähr 90 Minuten lang vor dem Fernseher sitzen? Im Jahre 1995 waren es auch 90 Minuten täglich.

Wusstest du, dass die meisten der Grundschulkinder allein fern schauen?

Wusstest du, dass mehr als doppelt so viele Jungen wie Mädchen sich gerne die Zeit mit Computerspielen vertreiben?

Wusstest du, dass die Beschäftigung mit Medien eine wichtige, aber nicht die liebste Freizeitaktivität von Kindern im Grundschulalter ist? Am wichtigsten ist ihnen, Freunde zu treffen und draußen zu spielen.

Niko beschäftigt sich mit der Frage:
„Wie kann ich die Umwelt besser schützen, wenn ich Medien benutze?" Er hat schon ein paar wichtige Umwelttipps zusammen getragen. Wenn er fertig ist, möchte er seine Ergebnisse in einem Kurzvortrag der Klasse vorstellen.

- Schalte den Computer nur dann an, wenn du damit arbeitest.
- Gib alte Computer und Handys bei einer Sammelstelle ab. Sie gehören nicht in den Restmüll.
- Benutze deine Geräte möglichst lange und denke darüber nach, ob du wirklich ein neues brauchst.
- Solltest du dich nach den anderen oder der Werbung richten?

Medien-Portfolio

Diese Mappe wurde erstellt von

Svenja

Lies dir aufmerksam durch, was die Kinder zum Thema Medien erarbeitet haben. Ergänze ihre Ideen mit weiteren Fragen, Tipps oder Informationen.

Erstelle einen Fragebogen, führe ein Interview durch oder finde weitere Möglichkeiten, am Thema zu arbeiten und deine Ergebnisse zu präsentieren.

Das will ich haben!

Sicher hast du schon Fotos von Spielzeug in Katalogen angeschaut. Das macht einfach Spaß! Vielleicht hast du dabei dein Lieblingsspielzeug entdeckt und davon geträumt, damit zu spielen. Bevor ein solches Werbefoto entsteht, wird viel überlegt und vorbereitet. Wie soll es aussehen, damit das Spielzeug viel verkauft wird?
Schau dir hier an, wie es Fotografen gelingt, Stimmung zu schaffen. Sie beachten beim Fotografieren wichtige Regeln und beherrschen einige Tricks, die du jetzt kennenlernen kannst.
Die Hauptfigur ist (d)ein Lieblingsspielzeug!

Der Hintergrund

Zuerst muss der Hintergrund, die Kulisse, gestaltet werden. Stell dir dabei folgende Frage: **Wo findet mein Abenteuer statt?**
Im Dschungel, im Weltraum, im Meer oder in der Wüste? Alles ist möglich. Nimm ein großes Blatt Papier und male die passende Landschaft darauf. Du kannst auch ein Foto als Hintergrund verwenden.

ohne Landschaft im Hintergrund

mit Landschaft im Hintergrund

Action!

Ein gelungenes Foto sollte immer eine Geschichte erzählen. Deshalb ist es wichtig, dass die Hauptfigur, dein Lieblingsspielzeug, in „action" ist. Es soll so aussehen, als würde die Figur sich bewegen. Frage dich:
Was genau soll die Figur tun?
Sie kann zum Beispiel schwimmen, ein Wettrennen machen, klettern, Fallschirm springen.

nicht aktives Spielzeug

Spielzeug voll in Aktion

Manchmal treten auch Probleme auf. Was ist zu tun, wenn das Spielzeug beim Fotografieren ständig umfällt?
Hände hoch!
Binde es mit einer durchsichtigen Schnur fest oder bitte jemanden, es zu halten. Verstecke dabei die Hand hinter oder unter der Dekoration, damit es auf dem Foto nicht zu sehen ist.

Foto   werben   Trick   Katalog

Die Bühnendekoration

Passend zu deinem Hintergrund kannst du nun die Umgebung der Hauptfigur dekorieren. Die Frage ist: **Was passt dazu? Was ist mir wichtig?**
Suche nach geeigneten Gegenständen oder Materialien, z.B. Krepppapier, Alufolie, Watte, Stoff, Kunstschnee oder Trockenblumen. Oft eignen sich auch Naturmaterialien wie Holzstücke, Steine, Blumen oder Blätter.

ohne Dekorationsobjekte

mit Dekoration und „Mondschein", eine Lampe mit Stoff davor

von oben fotografiert

auf Augenhöhe mit dem Schauplatz

Der Aufnahmewinkel

Der Betrachter des Bildes soll möglichst das Gefühl haben, ein Teil der Geschichte zu sein, die deine Hauptfigur erlebt.
Wie wird dieses Gefühl erzeugt?
Wenn du deine Kulisse auf dem Boden aufgebaut hast, solltest du im Liegen fotografieren. Der Betrachter fühlt sich dann, als würde er an der Geschichte teilnehmen.

Die Entfernung

Das Spielzeug soll auf dem Foto im Mittelpunkt stehen. Hier ist die Frage: **Wie erreichst du das?**
Geh nah heran, der Betrachter sollte ganz genau erkennen, worum es sich handelt.

aus zu großer Entfernung fotografiert

aus der Nähe fotografiert

Du kennst nun ein paar wichtige Regeln und Tricks, die dir helfen können, ein gelungenes Foto von deinem Lieblingsspielzeug zu machen. Probiere es aus.

Erfinde einen Namen, einen tollen Werbespruch oder eine Melodie für dein Lieblingsspielzeug. Was kommt bei den anderen Kindern am besten an?

Hier hat Lena ihre große Schwester fotografiert.

Auch wenn du Personen fotografierst, kannst du Stimmung schaffen.

Vergleicht die beiden Fotos.

Macht dann mit allen Fotos eine kleine Fotoshow in der Klasse.
Welches Foto gefällt euch besonders?
Warum spricht es euch mehr an als andere Bilder?
Besprecht euch.

Findet ihr gemeinsam wichtige Punkte, nach denen ihr die Fotos bewerten könnt? Erstellt eine Liste mit diesen Punkten.

Tag der Vereine

Die Grundschule am Waldsee führt jedes Jahr einen Projekttag zu einem bestimmten Thema durch. Die Kinder der Schule sind an der Auswahl beteiligt. In diesem Schuljahr haben sie sich für das Thema „Freizeit" entschieden. Deshalb findet an der Schule ein „Tag der Vereine" statt. Dabei stellen Vereine, die es am Ort gibt, ihre Arbeit in kleinen „Workshops" vor. Jedes Kind kann sich verschiedene Angebote auswählen, die es besuchen und kennen lernen möchte.

Florian von der Jugendfeuerwehr berichtet:

„Eine Jugendfeuerwehr gehört immer zur freiwilligen Feuerwehr. Bei uns können Mädchen und Jungen schon ab acht Jahren mitmachen. Das ist aber an jedem Ort unterschiedlich, da muss man immer nachfragen. Wir treffen uns alle zwei Wochen zum Üben und lernen immer was Neues, z. B. kleine Feuer löschen, Schläuche verlegen oder jemandem helfen, der sich bei einem Verkehrsunfall verletzt hat. Einmal durften wir bei einer Übung im Feuerwehrauto mitfahren. Oft unternehmen wir auch was zusammen. Wir fahren ins Zeltlager, grillen oder machen Sport. Die Gemeinschaft in der Gruppe und die Stimmung gefallen mir besonders."

Die Schulkinder dürfen die Ausrüstung anziehen und ein Einsatzfahrzeug besichtigen.

In der Sporthalle bringt Lena heute den Kindern der Grundschule verschiedene Tanzschritte bei.

Lena trainiert einmal in der Woche die Tanzgruppe des Sportvereins:

„Ich bin schon seit meinem sechsten Lebensjahr in unserem Turn- und Sportverein. Früher war ich selbst beim Kinderturnen, heute betreue ich unsere Tanzgruppe. Das Tanzen macht allen Kindern große Freude. Wir suchen uns gemeinsam die Musik aus und stellen dann einen passenden Tanz zusammen. Oft feiern wir auch gemeinsam Feste oder unternehmen etwas."

Leonie zeigt den Grundschülern erste Griffe und Würfe.

Leonie bildet Kindergruppen im Judo aus:

„Beim Judo können die Kinder sich so richtig austoben und ihre Kräfte messen. Außerdem lernen sie besser mit ihrem Körper umzugehen. Die Fallübungen, die man im Training ausprobiert, können auch nützlich sein und Stürze im Alltag verhindern. Vor allem macht es aber jede Menge Spaß."

Wer gesund bleiben will, muss auch mal nichts tun!

„Tag der Vereine" – Wir stellen uns vor

Jugendfeuerwehr | Jugendrotkreuz

Sport- und Tanzverein | Musikverein | Judo

Wasserwacht | Deutscher Alpenverein

Kreis- oder Stadtjugendring | Reitverein

Deutsche Lebensrettungsgesellschaft (DLRG)

Simon ist ein Junior-Wasser-retter und schon lange bei der Wasserwacht. Er hat dort seinen ersten Schwimmkurs gemacht:

„Bei der Wasserwacht dreht sich natürlich irgendwie alles um das Wasser. Du lernst hier vor allem das Schwimmen egal ob Brustschwimmen, Rücken-schwimmen oder Kraulen. Der Spaß ist dabei ganz wichtig, bei uns ist immer was los. Einmal in der Woche treffen wir uns zum Schwimmtraining. Außer-dem veranstalten wir Zeltlager, Jugendwettbewerbe, Schlauch-bootfahrten und vieles mehr. Du kannst auch Junior-Wasser-retter werden. Dann darfst du bei den Wachdiensten der Rettungsstationen im Freibad oder am See mithelfen. Wir retten Menschen, die im Wasser in Gefahr geraten sind. Es ist ein tolles Gefühl, anderen zu helfen."

Oliver ist Mitglied im Alpenverein und ausgebildeter Klettertrainer. Am liebsten arbeitet er mit Kindern:

„Das Klettern wird immer beliebter. Einige Grundschulen haben bereits Kletter- oder Boulderwände in der Turnhalle oder auf dem Pausengelände. Viele Kinder erfahren dabei, wie mutig sie sein können. Es ist ein tolles Gefühl zu spüren, dass man etwas schafft, obwohl man es gar nicht erwartet hat. Das gibt Selbstvertrauen. Außerdem macht das Klettern fit. Arm- und Bein-muskeln werden trainiert und man muss sich bei jedem Griff konzentrieren."

Lest, was die Jugendlichen über ihre Arbeit berichten und findet heraus, ob es diese Vereine auch bei euch gibt.

Sammelt weitere Informationen und recherchiert im Internet.

Gibt es Kinder in eurer Klasse, die schon in einem Verein sind oder Freizeitangebote am Ort nutzen? Tauscht euch darüber aus und berichtet davon.

ehrenamtlich   aktiv   Gruppe   Gemeinschaft   87

Vom Korn zum Brot

Jeden Tag isst du Brot: zum Frühstück, in der Pause, abends zur Brotzeit. Du kannst aus vielen Brot- und Semmelsorten wählen: Vollkornbrot, Bauernbrot, Roggenbrot, Mischbrot, Mohnsemmeln, Brezen, …
Deutschland ist das Land des Brotes und unsere Brotvielfalt ist einzigartig auf der Welt.

Schaut beim Einkaufen, welche Brotsorten es bei euch gibt. Probiert sie und vergleicht sie im Geschmack und im Aussehen.
Welches Brot schmeckt dir am besten? Welche Zutaten stecken in einem Brot? Hast du schon einmal selbst Brot gebacken?

Der Grundstoff für alle Brote ist das Getreide. Es gibt verschiedene Getreidearten.

Weizen

Hafer

Roggen

Dinkel

Du kannst ein Portfolio anlegen. Beginne mit Steckbriefen zu den einzelnen Getreidearten.

Sät in der Klasse verschiedene Getreidearten in Töpfe. Pflegt sie und beobachtet, wie sie wachsen. Macht für euer Portfolio Notizen und jede Woche Skizzen oder Fotos.

Getreidepflanze

Ähre
In der Ähre sitzen die Körner. Das sind die Früchte der Getreidepflanze.

Halm
Getreide gehört zur Familie der Gräser. Halme sind sehr biegsam und brechen auch bei stürmischem Wetter nicht ab.

Blätter
Seitlich am Halm sitzen die Blätter.

Wurzel
Die Wurzel sitzt in der Erde. Sie nimmt die Nährstoffe aus dem Boden auf.

Wie viele Pflanzen entstehen denn aus einer Weizenähre?

Bei einem Besuch auf dem Bauernhof könnt ihr verschiedene Getreidepflanzen und Körner befühlen,
riechen und unterscheiden lernen.

*Wie lange dauert es,
bis Sie das Getreide
ernten können?*

„Im Herbst lockere ich den Boden für das
Wintergetreide mit einem Pflug auf. Danach fahre ich mit einer Sämaschine über
das Feld. Sie hängt hinter meinem Traktor
und hat verschiedene Aufgaben: Zuerst
macht die eingebaute Egge den Boden
feinkrümelig. Dann zieht die Sämaschine
schmale Rinnen in den Boden. Nun rieseln
die Saatkörner aus der Sämaschine heraus
und werden zum Schluss wieder mit Erde
bedeckt."

„Die Körner beginnen schon bald zu keimen.
Es wachsen Wurzeln und grüne Halme.
Die Wintermonate überdauern die kleinen
Pflanzen meistens mit zwei bis fünf Blättern.
Winterweizen verträgt Frost bis −20 °C."

„Steigt im Frühling die Temperatur über
5 °C, wachsen die Pflanzen wieder weiter.
In den kommenden Monaten werden
aus den Körnern große Getreidepflanzen.
Getreide wächst schnell. Die Pflanzen
holen sich zum Wachsen Nährstoffe aus
dem Boden. Damit diese Nährstoffe nicht
irgendwann verbraucht sind, sorge ich
mit Dünger für Nachschub."

„Im Laufe des Sommers werden
die grünen Pflanzen goldgelb.
Bei heißem und trockenem Wetter
ernte ich mit einem Mähdrescher
das reife Getreide. Die Körner
werden auf einen großen Getreide-
anhänger umgeladen und zur
Mühle gebracht."

Welche Fragen möchtest du
dem Bauern stellen?
Bereite ein Interview vor.

Wie kommt der Müller an das Mehl?

In der Mühle wird das Getreide weiter verarbeitet. Damit du die einzelnen Arbeitsschritte besser verstehen kannst, solltest du zuerst Getreidekörner von Weizen, Roggen oder Dinkel genau unter die Lupe nehmen.

Dazu musst du die Getreidekörner ein paar Stunden in einem Glas Wasser quellen lassen.

Schneide sie mit einem scharfen Messer der Länge nach durch und betrachte sie unter der Lupe.

Fertige Skizzen an und beschrifte sie. Worin unterscheiden sich die verschiedenen Getreidearten?

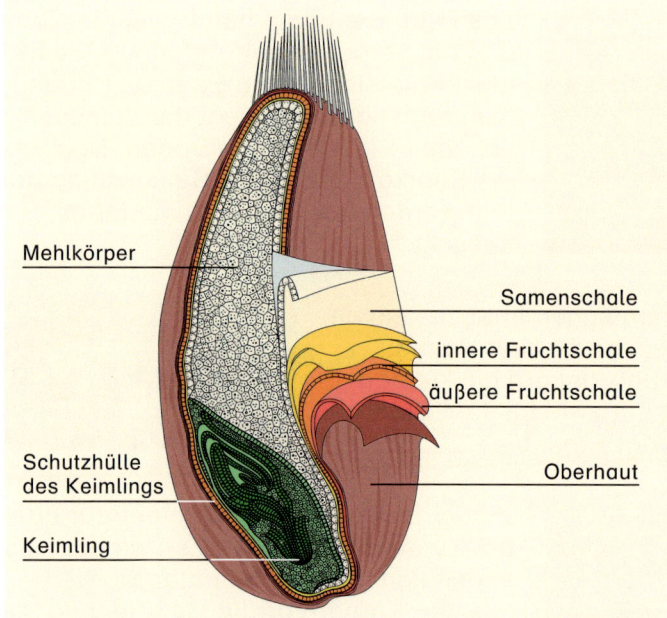

Mehlkörper

Samenschale

innere Fruchtschale

äußere Fruchtschale

Schutzhülle des Keimlings

Oberhaut

Keimling

Der **Mehlkörper** ist der größte Teil eines Getreidekorns.

Die **Schale** umhüllt und schützt das Innere des Korns.

Aus dem **Keimling** kann eine neue Getreidepflanze entstehen.

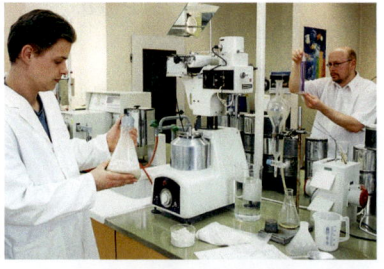

Nun bist du bereit für einen Rundgang durch die Mühle.

Wenn der Bauer das Getreide zur Mühle bringt, entnimmt der Müller Proben und untersucht sie in seinem Labor. Das Getreide darf zum Beispiel nicht zu viel Wasser enthalten.

Zwischen den Getreidekörnern sind noch kleine Steinchen, Sand, Stroh oder Unkraut. Deshalb muss das Getreide gereinigt werden. Durch Rütteln, Sieben und Bürsten wird das Getreide gesäubert. Magnete holen Metallteile heraus.

Warum hat man Mühlen früher fast immer an einem Fluss gebaut?

Um die Schale leichter vom Mehlkörper trennen zu können, wendet der Müller einen Trick an. Er sprüht Wasserdampf auf das Korn. So wird die Schale elastisch und löst sich besser ab.

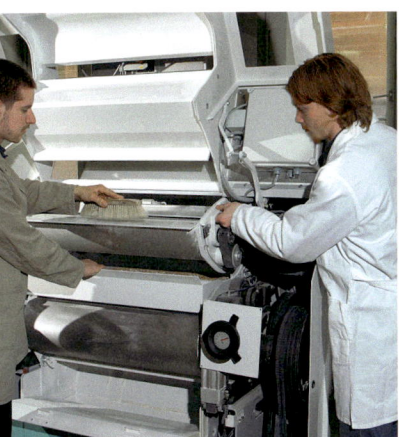 

Nun beginnt das Mahlen des Getreides. Das Korn wird zwischen zwei Metallwalzen aufgebrochen (geschrotet). Der Mehlkörper wird aus der Schale herausgewalzt.

Nach dem Mahlen werden die geschroteten Körner gesiebt. Dies geschieht in einer großen Maschine, in der viele Siebe übereinander liegen.

Diese zwei Arbeitsschritte, das Mahlen und das Sieben, kann der Müller mehrmals wiederholen. Je öfter gemahlen wird, desto weniger Teile von der Schale und vom Keimling sind im Mehl. Das Mehl wird dadurch feiner und heller.

Die Reste von Schalen und Keimlingen nennt der Müller Kleie. Kleie wird für Müslis oder Knäckebrot verwendet. Auch Tiere werden oft mit Kleie gefüttert.

Vollkornmehl enthält alle Teile von Schale, Keimling und Mehlkörper. Deshalb stecken im Vollkornmehl mehr Vitamine, Mineralstoffe und Ballaststoffe.

Das fertige Mehl kontrolliert der Müller jetzt noch einmal. In der Versuchsbäckerei testet er, ob sich das Mehl gut zu Brot verarbeiten lässt. Danach wird das Mehl in einem großen Mehlsilo gelagert und für den Verkauf vorbereitet.

Oh, das duftet!

Für das Backen zu Hause wird das Mehl in Tüten abgepackt. Im Supermarkt findest du Tüten mit 1 kg, 2,5 kg oder 5 kg Mehl.

Bäcker und Pizzabäcker brauchen viel Mehl. Sie bekommen das Mehl in großen Säcken, den Big Bags.

Große Brotfabriken produzieren täglich viele tausend Brote. Sie werden mit einem Silowagen beliefert.

Woher kommt dein Frühstücksei?

Ist dir schon einmal aufgefallen, dass auf jedem Ei eine lange Reihe an Zahlen und Buchstaben aufgedruckt ist? Diesen Stempel nennt man Erzeuger-Code. Gleich mit der ersten Zahl verrät dir der Code, wie die Henne lebt, die dein Ei gelegt hat.

0
Ökologische Erzeugung

Bio-Eier stammen von Hennen, die bei schönem Wetter auf einer großen Wiese picken, scharren und im Sand baden dürfen. Bäume und Büsche geben den Hennen Schatten und Sichtschutz vor Greifvögeln. Sie haben neben ihrem Stall oft auch einen großen überdachten Platz (Wintergarten), denn Hühner mögen Regen und Schnee gar nicht. Zum Fressen bekommen sie Getreide wie Weizen und Mais, das der Bauer selbst angebaut hat. Dabei darf er keine chemischen Dünge- und Spritzmittel verwenden. Werden die Tiere krank, behandelt sie der Bauer mit Naturheilmitteln. Bio-Eier kommen aus ökologischer Erzeugung.

1
Freilandhaltung

Auch hier leben die Hennen in einem Stall und haben zusätzlich einen Auslauf nach draußen. So können sie leben, wie es ihrer Natur entspricht. Das nennt man artgerechte Haltung. Das Futter darf der Bauer bei einem Großhändler einkaufen. Sind die Hennen krank, bekommen sie Medikamente.

Platz   Futter   frische Luft

2

Bodenhaltung

Die meisten Eier in Deutschland kommen von Hennen aus Bodenhaltung. Diese Hennen leben in einem geschlossenen Stall. Dort können sie sich frei bewegen, ihre Nester aufsuchen oder sich auf eine Stange setzen. Oft werden die Schnäbel beschnitten, damit sie sich nicht gegenseitig picken oder verletzen. Das würden sie aber nicht tun, wenn sie mehr Platz und Beschäftigungsmöglichkeiten hätten. Ein Teil des Stalls ist mit Streu bedeckt, damit die Hennen scharren können. Dabei entwickelt sich aber Staub, der vermischt mit dem Kot der Tiere Krankheiten auslösen kann. Deshalb bekommen die Tiere oft vorbeugend Medikamente.

3

Kleingruppen-haltung Käfighaltung

Die Hennen leben in Käfigen, die zu tausenden in riesigen Hallen gestapelt sind. Dort haben die Tiere sehr wenig Platz, ein kleines Nest und einen winzigen Scharrbereich. Deshalb werden ihnen auch die Schnäbel beschnitten. Die Hennen werden automatisch mit Futter, Wasser und Medikamenten versorgt und auch die Eier werden automatisch eingesammelt. Lässt die Legeleistung nach circa eineinhalb Jahren nach, so werden die Hennen geschlachtet und durch junge Tiere ersetzt.

Sucht im Internet Bilder zu den verschiedenen Haltungsformen.
Haltet Referate und diskutiert anschließend: Wo fühlen sich die Hennen wohl?

Warum sind Eier aus ökologischer Erzeugung teurer als andere Eier?

Für welche Eier entscheidest du dich?

Im Supermarkt findest du ein großes Angebot an Eiern.
Damit du dich leichter entscheiden kannst, solltest du noch mehr
über den Erzeuger-Code wissen.

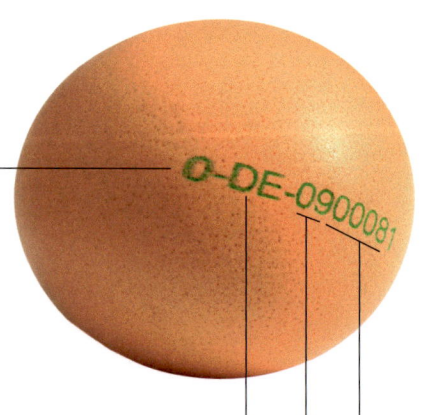

O-DE-0900081

Haltungsform
0 = ökologische Erzeugung
1 = Freilandhaltung
2 = Bodenhaltung
3 = Käfighaltung

Herkunftsland
DE = Deutschland
NL = Niederlande
AT = Österreich
FR = Frankreich
BG = Bulgarien …

Bundesland
Kommen die Eier aus
Deutschland, kannst du an
den nächsten beiden Zahlen
erkennen, in welchem
Bundesland der Betrieb
steht.
01 = Schleswig-Holstein
02 = Hamburg
…
09 = Bayern
…
16 = Thüringen

Betrieb
Jeder Betrieb hat
eine eigene vierstellige
Betriebsnummer.
Die letzte Zahl steht für
den Stall der Henne.

Nun kannst du den Stempel auf allen Eiern bis auf die
letzten fünf Ziffern entschlüsseln. Interessierst du dich auch dafür,
wo Betrieb und Stall stehen?
Dann schau unter der Internetadresse nach,
die manchmal in der Eierschachtel angegeben ist.

Ich bin ein
Augsburger Huhn.
Meine Rasse ist die einzige
einheimische Hühnerrasse
Bayerns.

Entschlüsselt in der Klasse verschiedene
Eier-Codes. Zeichnet auf einer Karte ein,
woher die Eier kommen. Vergleicht die
Transportwege. Beurteilt die Lieferungen
nach ihrer Umweltfreundlichkeit.

Transportwege   Umwelt   Verantwortung

Frische   Preis

Bei Eiern ist die Frische besonders wichtig, denn Eier sind nur circa vier Wochen haltbar. Deshalb tragen alle Eierkartons eine Aufschrift: **mindestens haltbar bis** …
Wie frisch ein Ei ist, kannst du leicht testen.

Eier-Frische-Test

frisches Ei

einige Tage alt

mindestens zwei Wochen alt

altes Ei, bitte nicht mehr essen

So kannst du es erklären:
Die Kalkschale des Eies lässt Luft in das Innere. Wenn das Ei schon alt ist, ist auch viel Luft im Ei. Das ist der Grund, warum das alte Ei oben schwimmt.

Hast du schon einmal direkt bei einem Bauern eingekauft? Auf Wochenmärkten oder Bauernmärkten bieten Landwirte ihre erntefrischen Produkte an.

Informiert euch, wann und wo der nächste Markt stattfindet.

Plant einen Besuch mit der ganzen Klasse. Kommt ihr zu Fuß dorthin? Braucht ihr einen Bus?

Notiert in Stichpunkten, was die Bauern zur Zeit auf dem Markt anbieten. Ihr Angebot ist von der Jahreszeit abhängig.

> Ich stecke etwas Geld ein, damit ich Obst für einen leckeren Smoothie kaufen kann.

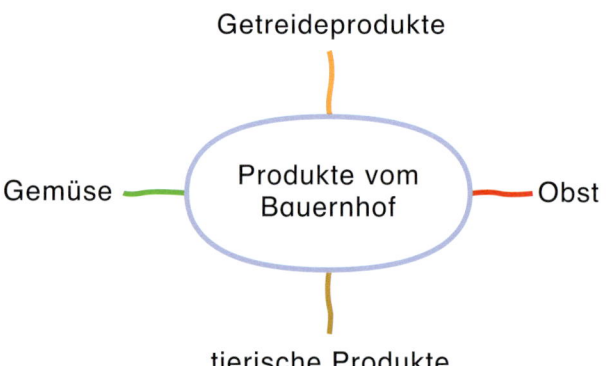

Getreideprodukte

Gemüse — **Produkte vom Bauernhof** — Obst

tierische Produkte

Nach dem Besuch auf dem Markt könnt ihr diese Mindmap mit euren Stichpunkten erweitern.

Immer mehr Landwirte verkaufen ihre Produkte in einem kleinen Hofladen auf ihrem Bauernhof. Ein Einkauf auf dem Bauernhof ist ein echtes Erlebnis. Dort könnt ihr erfahren, wo und wie Lebensmittel hergestellt werden. Ihr dürft vom Käse oder vom Gemüse probieren. Viele Bauern erlauben euch, einen Blick in die Ställe zu werfen oder die Tiere zu streicheln.

Findet heraus, wo es in eurer Nähe Hofläden gibt.
Tragt sie in die Karte eures Landkreises ein.
Ladet eine Bäuerin ein, die einen Hofladen betreibt.
Welche Fragen wollt ihr stellen?

Bauernmärkte in Bayern
weil's vom Land kommt

direkte Vermarktung
saisonal   regional

… und im Supermarkt

Im Supermarkt könnt ihr das ganze Jahr über zwischen vielen verschiedenen Obst- und Gemüsesorten auswählen: Äpfel, Bananen, Birnen, Ananas, Mangos, Kiwis, Zucchini, Auberginen, Paprika…

Doch wo wachsen diese Früchte und wie kommen sie zu uns in den Supermarkt?

Entscheide dich mit deinem Partner für eine Obst- oder Gemüsesorte. Erarbeitet einen Steckbrief, der folgende Fragen beantwortet:

* Wie heißt die Frucht?

* Wie sieht sie aus?

* Wie schmeckt sie?

* Wie riecht sie?

* Wie fühlt sie sich an?

* Wo kommt sie her?

* Kann die Frucht nur in diesem Land wachsen oder wächst sie auch bei uns?

* Wie weit ist dieses Land von Deutschland entfernt?

* Wie kommt die Frucht in den Supermarkt: LKW? Bahn? Flugzeug? Schiff?

* Wie viel kostet die Frucht pro kg?

Markiere das Herkunftsland deiner Frucht mit einem Fähnchen auf der Weltkarte.

Führt ein Nachdenkgespräch in der Klasse: Warum sind regionale Produkte klimafreundlicher als Produkte aus weit entfernten Ländern?

Worauf sollst du beim Einkauf achten? Möchtest du ganz auf Obst und Gemüse aus südlichen Ländern verzichten?

Dieses Zeichen kenne ich!

Feuer und Rauch

Das Feuer gehört zu den größten Entdeckungen der Menschen.
Es spendet Licht und Wärme, bringt aber auch Gefahr und
Zerstörung. Es kann aus einem Funken entstehen
und zu einer riesigen Flamme werden.
Überall um dich herum gibt es Dinge, die aus
ganz unterschiedlichen Materialien bestehen.
Viele dieser Materialien brennen sehr schnell.
Welche sind das?
Andere brennen nur langsam oder gar nicht.
Auch diese kennst du.

brennbares Material

Was braucht ein Feuer überhaupt, damit es
brennen kann? Nur wenn man das weiß, schafft man
es auch, ein Feuer erfolgreich zu löschen.

Versuch 1 und 2

Du brauchst:
– feuerfeste Unterlage
– zwei Becher aus Papier
– Metallzange
– Teelicht und Streichhölzer
– Schale mit Wasser

Versuch 1

So wird es gemacht:

1. Zünde das Teelicht an.
2. Nimm mit der Zange einen
   der Pappbecher.
   Wie schnell wird er brennen?
   Vermute.
3. Halte ihn vorsichtig über
   das Teelicht.
4. Beobachte, was geschieht.
5. Tauche ihn zum Löschen
   in die Schale mit Wasser.

Versuch 2

So wird es gemacht:

1. Zünde das Teelicht an.
2. Fülle den zweiten Pappbecher
   zur Hälfte mit Wasser. Was wird geschehen,
   wenn du ihn über die Flamme hältst?
   Vermute.
3. Nimm dann die Zange und halte diesen Becher
   vorsichtig über das Teelicht.
4. Beobachte, was geschieht.
   Warum ist das so? Hast du eine Erklärung?
   Vergleiche deine Beobachtungen.

Eimer mit Wasser bereitstellen!

Feuerfeste Unterlage benutzen!

Sauerstoff   brennbar
Entzündungstemperatur (Startwärme)

Versuch 3

Du brauchst:

> Lange Haare zusammenbinden!

So wird es gemacht:

1. Zünde das Teelicht an.
2. Vermute. Was passiert, wenn du das Glas über das Teelicht stülpst?
3. Stülpe das Glas über das Teelicht und beobachte.
4. Nimm verschieden große Gläser und wiederhole den Versuch.
5. Was beobachtest du? Notiere. Kannst du das erklären?

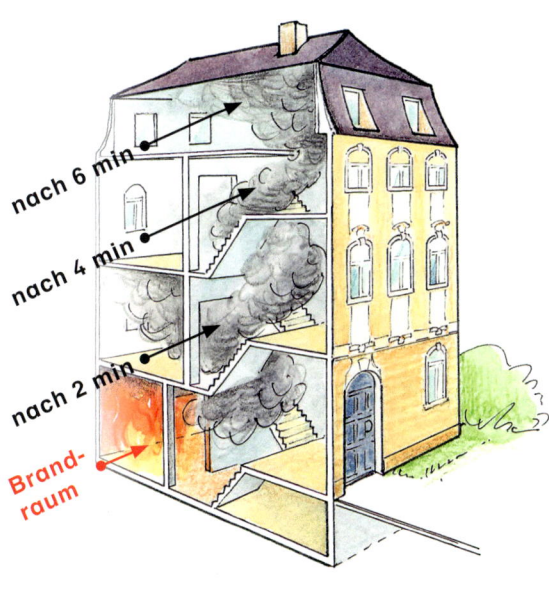

Bei jedem Brand sind die heißen Flammen sehr gefährlich. Eine noch größere Gefahr geht jedoch von den giftigen Rauchgasen aus, die dabei entstehen. Schon ein Atemzug kann tödlich sein.
Innerhalb weniger Minuten breitet sich der Rauch im ganzen Haus aus. Kann man sich davor schützen? Was ist zu tun?

Wusstest du,

dass von 380 Brandopfern, die es ungefähr jedes Jahr in Deutschland gibt, 361 an einer Rauchvergiftung gestorben sind?

Ein Rauchmelder kann Leben retten.
Der laute Alarm warnt die Menschen rechtzeitig vor der Brandgefahr, auch wenn sie schlafen. Sie haben dann genug Zeit, sich und andere in Sicherheit zu bringen. Die Zeit dafür ist sehr knapp. Meist bleiben nur vier Minuten, um vor dem gefährlichen Rauch zu flüchten.

> Die Nummer der Feuerwehr ist die **112**

Wichtig:

- Verlasse sofort den Gefahrenbereich.
- Halte dir, falls möglich, ein Tuch vor Mund und Nase.
- Bewege dich ganz flach am Boden.

Materialien   Rauch   giftig
tödlich   Atemzug

Die Feuerwehr – mutige Retter im Einsatz

Die Feuerwehr leistet überall auf der Welt lebensrettende Hilfe,
so auch bei uns in Deutschland.
Wir brauchen sie dann, wenn zum Beispiel ein Feuer
außer Kontrolle gerät.
In einem solchen Moment kann das Leben von Menschen
und Tieren in Gefahr sein. Häuser, Wälder und vieles mehr
können zerstört werden.

Feuerlöschen ist sehr schwierig. Deshalb hat die Feuerwehr bestimmte
Vorgehensweisen und Methoden, die ihr dabei helfen, den Brand zu
löschen. Wenn sie alarmiert wird, spielen die Einsatzfahrzeuge eine
sehr große Rolle. Die Art des Brandes entscheidet darüber,
was zu tun ist und welche Geräte oder Löschmittel zum
Einsatz kommen.

Eines der wichtigsten Fahrzeuge ist das
Hilfeleistungslöschfahrzeug

Es rückt bei Wohnungs-, Pkw- oder anderen Bränden aus
und leistet als erstes Hilfe. Neben den vielen wichtigen
Geräten und Hilfsmitteln ist auch eine Löschstaffel „an Bord"
des Fahrzeuges, die aus sechs Feuerwehrleuten besteht.

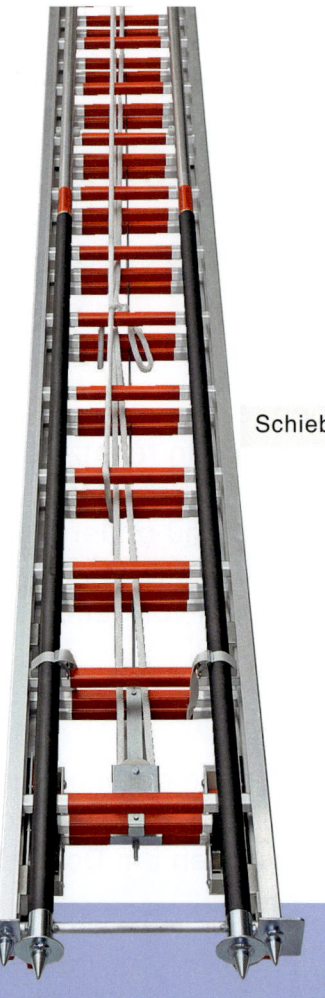

Schiebleiter

Feuerlöscher

Welche Schutzkleidung
tragen die Feuerwehrleute?

Welche Aufgaben hat
die Feuerwehr noch?

löschen   bergen

schützen   retten

100

Oben siehst du Bilder unterschiedlicher Brände.
Die Einsatzgruppe muss sie löschen und Hilfe leisten.
Welche Hilfsmittel und Geräte wird sie dazu benutzen?
Beschreibe möglichst genau und begründe deine Antwort.
Beachte dabei, was du über Feuer weißt und
denke an die Versuche auf den Buchseiten 98 und 99.

Axt

Verteiler

Druckschläuche

SAND

Atemschutzmaske

Sand

Motorsäge

Brand   Rettung   Gefahr
Löschmethode   zerstören   Löschmittel

Ohne Strom …

Diskutiert in der Klasse über die Folgen eines Stromausfalls.

Informiert euch über die Stromversorgung
im Krankenhaus und bei Zügen.

Was würde passieren, wenn in eurer Wohnung für mehrere Stunden
der Strom ausfällt? Notiert auf einem Stichwortzettel.

Forscher-Werkstatt Strom

Hast du schon einmal bei einem Gewitter die Blitze am Himmel beobachtet? Bei einem Blitzschlag entlädt sich die elektrische Ladung einer Gewitterwolke – zwischen Wolke und Erde fließen elektrische Ströme. Die Elektrizität in der Natur haben Menschen schon immer wahrgenommen, bestaunt und auch gefürchtet. Aber erst vor ungefähr 200 Jahren haben Forscher begonnen, elektrischen Strom künstlich zu erzeugen und für Erfindungen zu nutzen.
Versucht, mit den folgenden Forscheraufträgen dem Geheimnis des Stroms auf die Spur zu kommen.

Forscherauftrag 1:
Könnt ihr ein Lämpchen zum Leuchten bringen?

Probiert aus. Mit welchen Materialien bringt ihr das Lämpchen zum Leuchten? Stellt eure Lösung der Klasse vor. Vergleicht.

Wer hat es geschafft, das Lämpchen mit möglichst wenig Materialien zum Leuchten zu bringen?

Forscherauftrag 2:
Könnt ihr das Lämpchen ein und ausschalten?

Probiert aus und diskutiert eure Lösungen in der Gruppe.

Forscherauftrag 3:
Was leitet den Strom gut?

Baut folgenden Stromkreis nach:

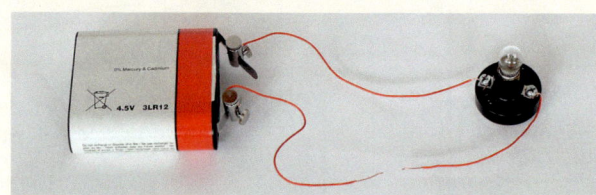

Legt in die Lücke des Stromkreises nacheinander die verschiedenen Gegenstände aus der Tabelle. Die offenen Leitungsenden müssen die Dinge berühren.

Vermutet zuerst, ob ein Gegenstand Strom leitet oder nicht.

Führt den Versuch durch und notiert eure Beobachtungen in einer Tabelle.

Sucht weitere Gegenstände aus eurer Umgebung und testet sie. Was haben alle Gegenstände, die das Lämpchen zum Leuchten bringen, gemeinsam?

Was leitet den Strom gut?			
Gegenstand	Material	Lämpchen leuchtet	Lämpchen leuchtet nicht
Lineal	Plastik		X
Streichholz	Holz		
Nagel			
Büroklammer			
Münze			

> Niemals mit Strom aus der Steckdose experimentieren!

Stromkreis   Batterie

Eine Expertin kann euch noch genauer erklären, wie Strom fließt.

„Fließt Strom, dann bewegen sich winzig kleine, negativ geladene Teilchen (Elektronen) durch die Drähte, die den Strom leiten. Die Zeichnung zeigt euch, wie ihr euch das vorstellen könnt.
Der Minuspol der Batterie stößt die Elektronen ab und bringt sie in Bewegung. Blitzschnell drängen sie sich durch den Draht in Richtung Pluspol, der sie anzieht. Der Strom fließt also im Kreis. Man spricht von einem Stromkreis. Wenn in einem Stromkreis ein Lämpchen eingebaut ist, dann müssen sich die Elektronen durch den engen Glühdraht der Glühbirne quetschen. Das Gedränge ist sehr groß und es wird heiß. Der Draht beginnt zu glühen und die Birne leuchtet."

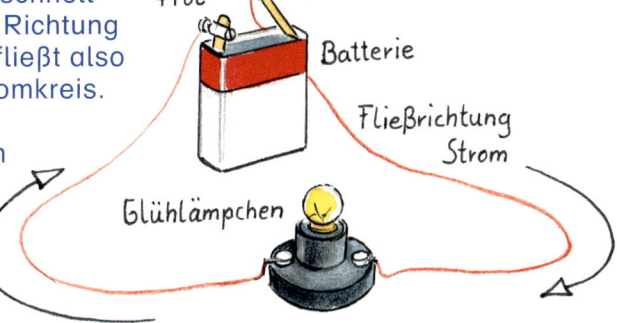

Um einen Stromkreis zu zeichnen, benützen Experten wie Elektrotechniker bestimmte Zeichen. Ihre Zeichnung nennen sie Schaltbild.

| Stromquelle | Verbraucher | Elektrischer Leiter | Schalter offen | Schalter geschlossen |

Forscherauftrag 4:
Baut verschiedene Stromkreise.
Fertigt dazu Schaltbilder an.

Wenn ich den Schalter öffne, ist der Stromkreis unterbrochen. Die Elektronen können nicht mehr weiter wandern. Das Lämpchen leuchtet nicht mehr.

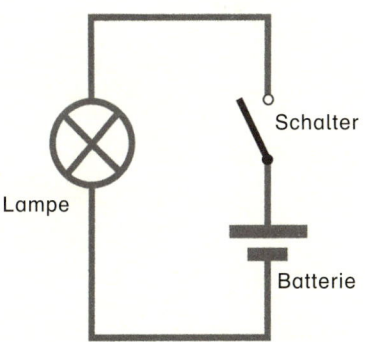

Schalter

Lampe

Batterie

Forscherauftrag 5:
Zeichnet Schaltbilder.

Gebt die Schaltbilder dann euren Mitschülern zum Nachbauen. Überprüft, ob der Schaltplan richtig ist.

Forscherauftrag 6: Wo erzeugt Strom Licht?

Ihr wisst nun, dass Strom Licht erzeugen kann. Sucht in der Schule und zu Hause nach Elektrogeräten, die die Leuchtwirkung des Stroms nutzen. Legt einen Stichwortzettel an.

Strom kann aber noch mehr bewirken. Das könnt ihr mit den nächsten beiden Forscheraufträgen nachprüfen.

Forscherauftrag 7:
Strom kann Wärme erzeugen. Stimmt das?

Lest zuerst die Versuchsbeschreibung durch. Vermutet, was geschieht.

So wird es gemacht:

– Umwickelt den unteren Teil des Thermometers mit dem Draht.

– Entfernt von den Drahtenden die Isolierschicht.

– Verbindet die beiden Drahtenden mit der Batterie.

– Beobachtet das Thermometer 30 Sekunden.

Beobachtet, was bei dem Versuch passiert. Könnt ihr es erklären?
Was passiert, wenn ihr einen viel längeren Draht verwendet?

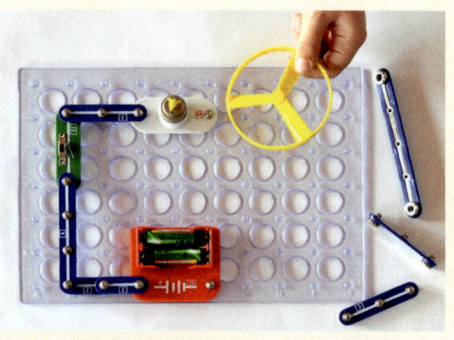

Forscherauftrag 8:
Könnt ihr einen Propeller zum Drehen bringen?

Probiert aus. Stellt eure Lösung der Klasse vor. Beschreibt euren Mitschülern, wie ihr auf diese Lösung gekommen seid.

Habt ihr einen Schalter eingebaut?
Was passiert mit dem Propeller, wenn ihr den Schalter öffnet?

Forscherauftrag 9:
Licht, Wärme oder Bewegung?

Bei vielen elektrischen Geräten wird der Strom mehrfach wirksam.
Bei einem Föhn wird die elektrische Energie in Wärme und Bewegung umgesetzt. Der Strom entwickelt Wärme in den Heizdrähten. Gleichzeitig setzt er den Motor für den Luftstrom in Bewegung, der die heiße Luft nach außen bläst.
Überlegt, welche Wirkungen des Stroms wir bei verschiedenen Geräten hauptsächlich nutzen. Erweitert die Tabelle.

Gegenstand	Licht	Wärme	Bewegung
Bügeleisen		X	
Bohrmaschine			
Elektrische Zahnbürste			

Wie vermeide ich Gefahren im Umgang mit Strom?

„Wusstest du, dass dein Gehirn mithilfe schwacher elektrischer Ströme deine Muskeln, dein Herz und fast alle anderen Organe in deinem Körper steuert?

Elektrischer Strom kann für Menschen und Tiere sehr gefährlich werden. Kommen Metalle, Wasser und feuchte Gegenstände mit Strom in Berührung, dann stehen sie selbst unter Strom. Berühren wir dann diese Stoffe, wird unser Körper selbst zum Leiter des elektrischen Stroms. Das kann zu Verkrampfungen der Muskeln führen. Lebensgefährlich wird es, wenn der Strom über den Herzmuskel fließt. Außerdem können durch die Wärmewirkung von Strom schwere Verbrennungen entstehen.

Deshalb ist es wichtig zu wissen, wie du Gefahren im Umgang mit Strom vermeiden kannst."

Wie vermeide ich Gefahren im Umgang mit Strom?

Elektrokabel fasse ich immer am Stecker an, wenn ich sie aus der Steckdose nehme. Ziehe ich immer nur am Kabel, lockern sich die Kabelverbindungen und ich kann einen Stromschlag bekommen.

Ich verwende keine beschädigten Kabel oder kaputte Geräte. Auch hier kann ich einen Stromschlag bekommen. Es kann auch ein Brand ausbrechen.

Ich spiele nicht an Steckdosen. Das ist lebensgefährlich. Meine Eltern können an den Steckdosen eine Kindersicherung anbringen.

Ich verwende nie meinen Föhn in oder neben der vollen Badewanne. Strom und Wasser zusammen können für mich tödlich sein.

Defekte Energiesparlampen oder LEDs wechseln meine Eltern aus. Der Strom muss dazu ausgeschaltet sein.

Ich schraube niemals elektrische Geräte auf.

Beim Drachensteigen halte ich zu Stromleitungen mindestens 600 m Abstand. Hat sich der Drachen doch in einer Stromleitung verfangen, fasse ich die Drachenschnur nicht mehr an. Es besteht Verbrennungs- oder Lebensgefahr. Ich hole Hilfe bei der Feuerwehr.

Ich klettere auf keinen Fall auf einen Leitungsmast. Dieses Schild warnt mich vor der Gefahr:

Feuerwehr:
112

Hochspannung
Lebensgefahr

Woher kommt unser Strom?

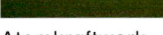
Atomkraftwerk

Gaskraftwerk

Kohlekraftwerk

Wasserkraftwerk

In vielen Kraftwerken wird Wasser mit Hilfe von Erdöl, Erdgas, Kohle oder Uran erhitzt, bis es kocht. Der Wasserdampf treibt Turbinen an, die mit Generatoren verbunden sind. Die Generatoren produzieren wie der Dynamo am Fahrrad den Strom.

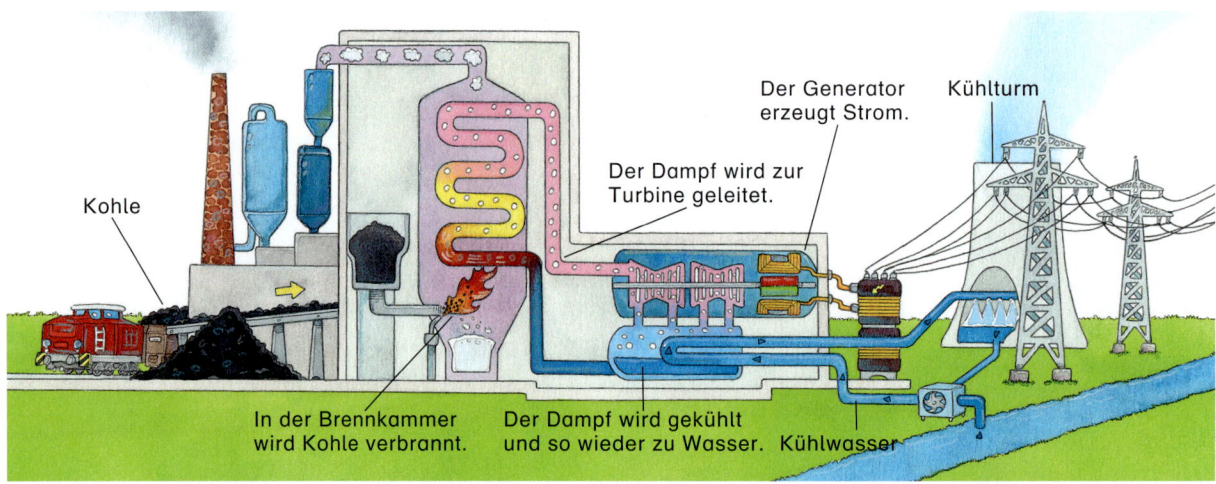

Kohle

Der Generator erzeugt Strom.

Kühlturm

Der Dampf wird zur Turbine geleitet.

In der Brennkammer wird Kohle verbrannt.

Der Dampf wird gekühlt und so wieder zu Wasser.

Kühlwasser

In **Kohlekraftwerken** wird das Wasser durch das Verbrennen von Kohle erhitzt. Kohlekraftwerke produzieren sehr viele schädliche Abgase (Kohlendioxid).
In Deutschland gibt es große Vorräte an Braunkohle. Aber dort, wo Kohle abgebaut wird, bleiben solche Landschaften zurück. Es dauert lange, bis wieder neue Lebensräume für Pflanzen und Tiere entstehen.

In **Atomkraftwerken** wird das Wasser mit der Wärme erhitzt, die bei der Spaltung von Atomkernen entsteht. Atomkraftwerke stoßen keine schädlichen Gase aus. Aber die Abfälle sind stark radioaktiv und für alle Lebewesen viele tausend Jahre lang schädlich.

Nach einem Unfall wie in Fukushima (Japan 2011) ist die Umgebung des Atomkraftwerks für außerordentlich lange Zeit nicht mehr bewohnbar. Deshalb wurde in Deutschland beschlossen, alle Atomkraftwerke in den nächsten Jahrzehnten abzuschaffen.

fossile Energiequellen

Biogasanlage

Windkraftanlage

Fotovoltaikanlage

Gezeitenkraftwerk

Kohle, Erdgas und Erdöl sind **fossile Energiequellen**.
„Fossil" bedeutet versteinert. Vor Millionen von Jahren
wurden Reste von Pflanzen und kleinen Lebewesen
von Schichten aus Schlamm und Erde luftdicht bedeckt
und zusammengepresst. So entstand langsam Kohle
und Erdgas. Vor allem im Meer entstand aus Algen
und anderen Kleinlebewesen Erdöl. Aber diese Vorräte
werden bald aufgebraucht sein. Sie entstehen nicht
mehr, sie sind nicht erneuerbar.
Für die Zukunft werden andere Energiequellen zur Stromerzeugung immer
wichtiger. Die Energie von Sonne, Wind und Wasser ist unerschöpflich.
Immer wenn die Sonne scheint, der Wind weht und Wasser fließt, kann man
damit Strom erzeugen. Deshalb nennen wir diese Energien **erneuerbar**.

So lange reichen die Vorräte:

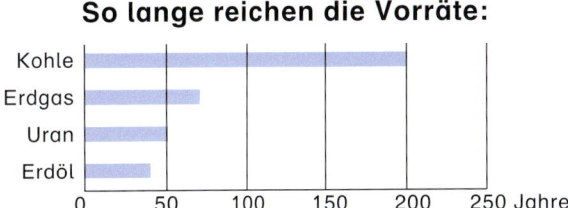

Möchtest du ein Wasserrad
bauen? Suche im Internet nach
Bauplänen.

In Bayern gibt es viele **Wasserkraftwerke**. Sie werden
an einem Fluss oder an einem hoch gelegenen See
gebaut. Ein bekanntes Wasserkraftwerk steht am
Forggensee im Allgäu. Der See ist der größte Stausee
Deutschlands. Das Wasser strömt aus großer Höhe
über Rohre durch Turbinen, die Generatoren antreiben.
So wird die Bewegungsenergie des Wassers in Strom
umgewandelt.
Dabei werden keine gefährlichen Schadstoffe produziert.
Heute wird beim Bau neuer Wasserkraftwerke darauf
geachtet, dass die Landschaft und der Lauf der Flüsse
möglichst wenig verändert werden.

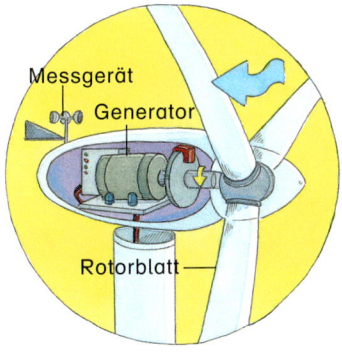

In **Windkraftanlagen** treibt der Wind große Propeller, die Rotoren,
an. Sie sind mit einem Generator verbunden. Viele Windräder
zusammen bilden einen Windpark.
Windräder produzieren kostengünstigen Strom, allerdings nur dann,
wenn der Wind weht.

Welche Kraftwerke produzieren in deiner Umgebung Strom?
Sammelt Informationen. Diskutiert über ihre Vor-und Nachteile.
Kannst du erklären, was Energiemix bedeutet?

Wie hilft uns die Sonne, umweltfreundlich Energie zu erzeugen?

Die Sonne ist ein riesengroßer, heißer Gas-Ball. Sie erzeugt unvorstellbare Mengen an Energie in Form von Licht und Wärme.

Wenn ihr folgende Modelle baut, könnt ihr euch diese riesige Energiemenge der Sonne besser vorstellen.

Modell 1: Wir vergleichen die Energie-Menge der Sonne mit dem Energie-Verbrauch auf der Erde.

So könnt ihr es bauen:
– Fertigt in der Klasse 72 Papierwürfel mit der Kantenlänge 1,5 cm an. Diese Würfel symbolisieren die Energie-Menge, die Menschen auf der ganzen Welt in einem Jahr verbrauchen.
– Baut mit sechs Meterstäben das Kantenmodell eines Würfels. Dieser riesige Würfel symbolisiert die Energiemenge, die die Sonne uns in einem Jahr zur Erde schickt.

Modell 2: Wir vergleichen die Energie-Menge der Sonne mit anderen Energiequellen.

So könnt ihr es bauen:
– Fertigt aus farbigem Papier vier Würfel in der angegebenen Größe nach und beschriftet sie. Diese Würfel symbolisieren die Energie-Mengen der nicht erneuerbaren Energien.
– Zum Vergleich braucht ihr wieder die sechs Meterstäbe, die ihr nochmals zu einem Würfel aufbauen müsst.

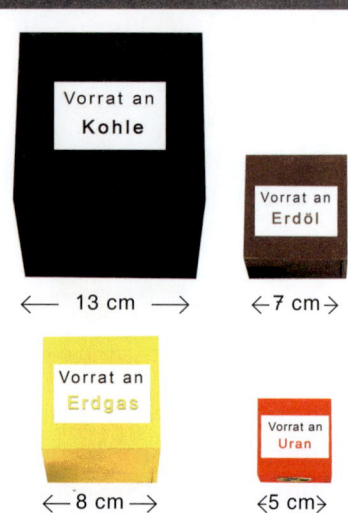

Sonnenenergie   Licht   erneuerbare Energie

Klimaschutz   Solarzelle

Obwohl die Sonne fast 150 Millionen Kilometer weit weg ist, braucht ihr Licht nur acht Minuten bis zur Erde. Dies Sonnenlicht kann mit einer Solarzelle, die hauptsächlich aus Silizium besteht, in Strom umgewandelt werden.

Viele Leute lassen sich aus Solarzellen eine **Fotovoltaikanlage** auf ihr Dach bauen. So haben sie ein eigenes Kraftwerk für ihr Zuhause. So lange die Sonne scheint, produziert die Anlage Strom ohne schädliche Abgase. Nicht verbrauchter Strom kann ins Stromnetz eingespeist werden. Dafür bekommen die Hausbesitzer Geld.

Eine Solarzelle ist ein Plättchen, das die Energie der Sonne in elektrischen Strom umwandeln kann.
Die Zelle besteht zum größten Teil aus dem Material Silizium. Das besteht aus winzigen Teilchen, den sogenannten Atomen. Trifft Sonnenergie auf die Solarzellen, löst sie aus den Atomen noch kleinere Teilchen heraus, die Elektronen. Diese Elektronen bewegen sich in der Solarzelle. So entsteht elektrischer Strom.

Die Sonne kann aber noch mehr. Auf vielen Dächern befinden sich **Sonnenkollektoren**. Mit ihnen nutzt man die Energie der Sonne, um Wasser für die Dusche oder die Geschirrspülmaschine zu erwärmen. Sonnenkollektoren müssen dunkel sein. Mit diesem Versuch kannst du herausfinden, warum das so ist.

Lege einen dicken Eiswürfel auf weißen Karton und einen Eiswürfel auf schwarzen Karton. Stelle beides in die pralle Sonne. Welcher Eiswürfel schmilzt schneller? Warum?

Kaputte Geräte mit Solarzellen – wohin damit?

Auf keinen Fall in die Mülltonne!

111

Wie kannst du Stromkosten sparen und die Umwelt schonen?

In diesem Diagramm siehst du, wofür Familien Strom verbrauchen. Hast du erwartet, dass Kühlschränke so viel Energie benötigen, um Kälte zu erzeugen?
Deshalb ist es wichtig, dass der Kühlschrank dicht ist. Das kannst du leicht überprüfen: Lege eine Taschenlampe in den Kühlschrank und verdunkle die Küche. Siehst du einen Lichtschein, muss man die Gummidichtung unbedingt auswechseln.

Könnt ihr mithilfe der Bilder weitere Stromspar-Tipps sammeln? Ergänzt mit eigenen Ideen. Gestaltet Flyer. Wo könnt ihr sie verteilen?

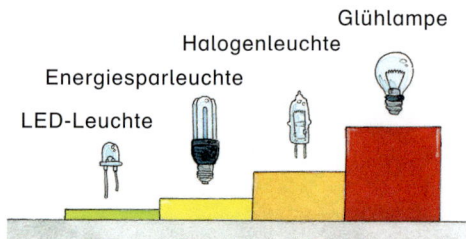

Suche zu Hause nach Geräten, die Strom verbrauchen, obwohl sie gerade nicht benutzt werden. Diese geheimen Stromfresser erkennst du meistens an einem kleinen roten Licht. Dann ist das Gerät im Stand-by. Überlege, wo du zu Hause diesen unnötigen Stromverbrauch verhindern kannst.

Stromlexikon

Akku

Akkus sind wieder aufladbare Batterien. Sie werden z. B. bei Kameras, Handys, MP3-Playern, Tablets und Notebooks eingesetzt.

Batterie

  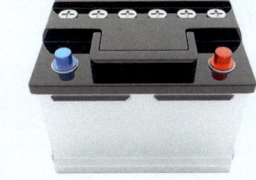

Batterien machen es möglich, Geräte mobil und unabhängig vom Stromnetz zu nutzen. Es gibt sie in verschiedenen Größen und Formen. Alle Batterien enthalten eine dickflüssige Füllung, in der sich Plus- und Minusteilchen befinden. Batterien sind leer, wenn die darin gespeicherte Energie verbraucht ist. Es müssen neue Batterien eingesetzt werden. Batterien enthalten Wertstoffe, aber auch gesundheits- und umweltgefährdende Stoffe. Deshalb gehören sie keinesfalls in den Hausmüll.

Elektronen

Elektronen sind winzig kleine, negativ geladene Teilchen, die sich in einem Metall bewegen können.

Energielabel

Große Haushaltsgeräte wie Kühlschrank, Fernsehgerät, Waschmaschine und Geschirr-spüler müssen seit 2011 mit dem Energielabel gekenn-zeichnet sein. Sie helfen zum Beispiel beim Kauf eines neuen Kühlschranks, den Stromverbrauch verschiedener Geräte zu vergleichen.

Generator

Beim Generator handelt es sich um einen drehenden Magneten, der von einer Turbine angetrieben wird und dadurch Strom erzeugt.

Ladegerät

Es lädt Akkus mit Strom aus der Steckdose wieder auf. Es gibt auch Solar-Lade-stationen, die tagsüber auf ein sonniges Fensterbrett gestellt werden müssen und so das Licht der Sonne in Strom umwandeln.

Werner von Siemens

Er lebte von 1816 bis 1892 und war ein großer deut-scher Erfinder. Er erfand den Generator und baute zum Beispiel die erste elektrische Lokomotive, den ersten elektrischen Aufzug, die erste elektrische Straßenbeleuchtung und die erste Straßenbahn der Welt.

Stromnetz

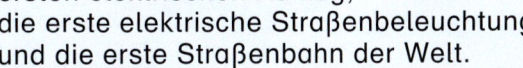

Das Netz von Stromleitungen liefert den Strom von großen Kraftwerken zu Häusern und Fabriken.

Stromzähler

Jede Wohnung, jeder Betrieb hat einen Strom-zähler. Er misst, wie viel Energie die einge-schalteten elektrischen Geräte verbrauchen. Gezählt wird in Kilowattstunden (kWh).

Turbine

Eine Turbine ist ein Rad, das von Wind oder Wasser gedreht wird. So treibt sie einen Generator an. Dieser Generator erzeugt dann den elektrischen Strom – wie bei einem Fahrraddynamo, nur viel größer.

Gestalte für deine Forschermappe ein eigenes Stromlexikon.
Ergänze es mit Forschern und Erfindungen, die für dich wichtig sind.

Wasser erforschen

Überall könnt ihr Wasser entdecken! Schaut, wo Menschen Wasser brauchen und nutzen – zu Hause, auf dem Schulweg oder im Urlaub.

Erforscht, was Wasser alles kann, wie es sich verhält und welche Eigenschaften es besitzt.

Richtet euch ein Wasserlabor ein.
Was ihr dafür braucht, findet ihr auf dem Foto.

Überlegt, was ihr ausprobieren wollt.
Stellt Forscherfragen.

Schreibt auf und zeichnet, was ihr für euer Experiment braucht und wie ihr es durchführt.

Was habt ihr herausgefunden?
Wo gab es Probleme?

Stellt eure erstaunlichste, lustigste oder schönste Entdeckung euren Klassenkameraden vor.

Unsere tollste Entdeckung: Tintengeister

Du brauchst: 1 Glas Wasser, Tinte, 1 Pipette

Das musst du tun:

1. Fülle das Glas mit Wasser.
2. Füge drei Tropfen Tinte mit der Pipette hinzu.
3. Beobachte.

Ergebnis:

Achtung: Geister verschwinden, wenn du lange wartest!

Wichtig ist, dass man nicht aufhört zu fragen.

rühren   schütteln   auflösen
    färben   mischen

Was schwer ist, sinkt. Was leicht ist, schwimmt. Stimmt das?

Forscherauftrag 1

Du brauchst:
ein großes Glas, Knetmasse, Küchenwaage

So wird es gemacht:
Nimm zwei gleich schwere Stücke Knete. Forme aus dem einen Stück eine Kugel, aus dem anderen ein Boot.

Vermute, was passiert, wenn du beide ins Wasser legst.
Probiere aus.
Findest du eine Erklärung?

Bekommen wir das Salz wieder aus dem Wasser heraus?

Forscherauftrag 2

Du brauchst:
ein Glas, Kochsalz, einen Teelöffel, Teelicht, Teller

So wird es gemacht:
Gieße etwas Wasser ins Glas.
Rühre 2 Teelöffel voll Kochsalz ins Wasser bis es sich aufgelöst hat.
Stelle das Teelicht auf den Teller und zünde es an.
Nimm mit dem Teelöffel ein wenig Salzwasser und halte den Löffel über die Flamme.

Vermute, was passiert. Beobachte.

Forscherauftrag 3

Ein Gegenstand verdrängt beim Eintauchen das Wasser. Stimmt das?

Du brauchst:
ein großes Einmachglas, Folienstift, eine kleines Schälchen, einen großen Kieselstein

So wird es gemacht:
Fülle das Glas dreiviertel voll mit Wasser. Markiere außen am Glas den Wasserstand. Lege den Stein in das Schälchen und lasse dein „Boot" schwimmen.

Was passiert?
Lasse das Schälchen ohne Stein schwimmen.

Forscherauftrag 4

Kann Salzstreuen Glatteis verhindern?

Du brauchst:
einige Eiswürfel, Salz, einen Teller

So wird es gemacht:
Lege einen Eiswürfel auf den Teller. Bestreue ihn mit Salz.

Was passiert?
Was ändert sich, wenn du auf andere Eiswürfel mehr (oder weniger) Salz streust? Was geschieht mit dem Salz?

Forscherauftrag 5

Kann ein Glas mehr als voll mit Wasser werden?

Du brauchst:
ein Glas, Handtuch, Münzen

So wird es gemacht:
Stelle das Glas auf das Handtuch. Fülle es bis zum Rand mit Wasser. Lasse ganz vorsichtig eine Münze nach der anderen in das Glas fallen.

Beobachte, was passiert.
Findest du eine Erklärung?

Forscherauftrag 6

Gefriert Salzwasser bei gleichen Temperaturen wie Süßwasser?

Wie kannst du das herausfinden? Überlege und schreibe dein Experiment für andere Kinder auf.

reinigen   trennen   filtern
erhitzen   gefrieren

Wasser ist eine erstaunliche Flüssigkeit

Nebel

Wolken

Reif

Hagel

Versuch 1:

Du brauchst:
drei gleiche Gläser,
eins davon mit
Schraubdeckel,
einen großen Teller,
Messbecher,
Folienstift

So wird es gemacht:
Fülle alle drei Gläser und den Teller
mit 100 ml Wasser.
Markiere den Wasserstand mit Folienstift.
Verschließe ein Glas mit dem Schraub-
deckel. Stelle ein offenes Glas auf die
Heizung. Lasse nun alle Gefäße ein paar
Tage stehen.

Was passiert? Vermute.

Tipp: Markiere
jeden Tag den
Wasserstand.

Versuch 2:

Du brauchst:
Eiswürfel,
ein Glas mit
Schraubdeckel

So wird es gemacht:
Prüfe, ob dein Glas
außen völlig trocken ist.
Fülle es mit Eiswürfeln
und schraube den
Deckel darauf.

Vermute, was passiert,
wenn du ein paar
Minuten wartest.

Was beobachtest du?

Versuch 3:

Du brauchst:
leeres Joghurtglas

So wird es gemacht:
Fülle das Joghurtglas
bis zum Rand mit Wasser.
Stelle das Glas ohne
Abdeckung vorsichtig ins
Gefrierfach und lasse es
mindestens einen vollen
Tag dort stehen.

Vermute, was passiert.
Kontrolliere dann.
Was stellst du fest?

So kann man es erklären:
Wenn Wasser langsam und
unsichtbar in die Luft aufsteigt,
sagt man: „Es verdunstet."
Die Wasserteilchen an der
Wasseroberfläche bewegen sich
auseinander und werden von
der Luft aufgenommen. Je wärmer
die Luft ist, umso schneller verdunstet das Wasser. Wasser,
das sich auf diese Weise in der
Luft aufgelöst hat, ist in einem
gasförmigen Zustand.

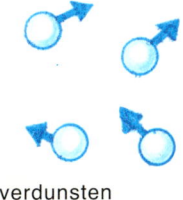

verdunsten

Tau

Regen

So kann man es erklären:
Wird die Luft kälter, kann sie nicht
mehr so viele Wasserteilchen auf-
nehmen. Die Teilchen rücken wieder
zusammen und bilden winzige Tröpfchen. Diese Tröpfchen halten sich an
kleinen Staubteilchen in der Luft oder
an kühlen Gegenständen (Glas,
Blatt) fest.
So können wir sie wieder sehen.
Man sagt: „Das Wasser kondensiert."
Es ist wieder in einem flüssigen
Zustand.

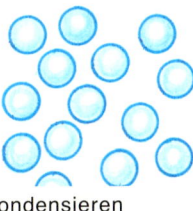

kondensieren

Schnee

So kann man es erklären:
Bei Temperaturen unter null Grad
(0°C = Gefrierpunkt) erstarrt das
Wasser langsam. Die Wasserteilchen
bilden Brücken zueinander und
brauchen dabei mehr Platz. Man
sagt: „Das Wasser gefriert." Es ist
in einem festen Zustand.

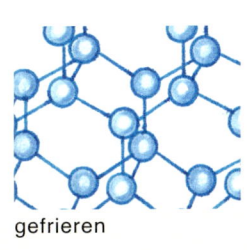

gefrieren

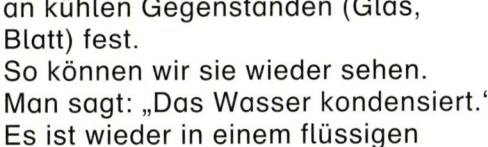

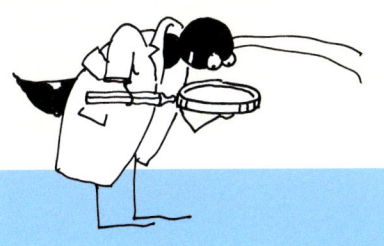

Eis

117

Der Wasserkreislauf

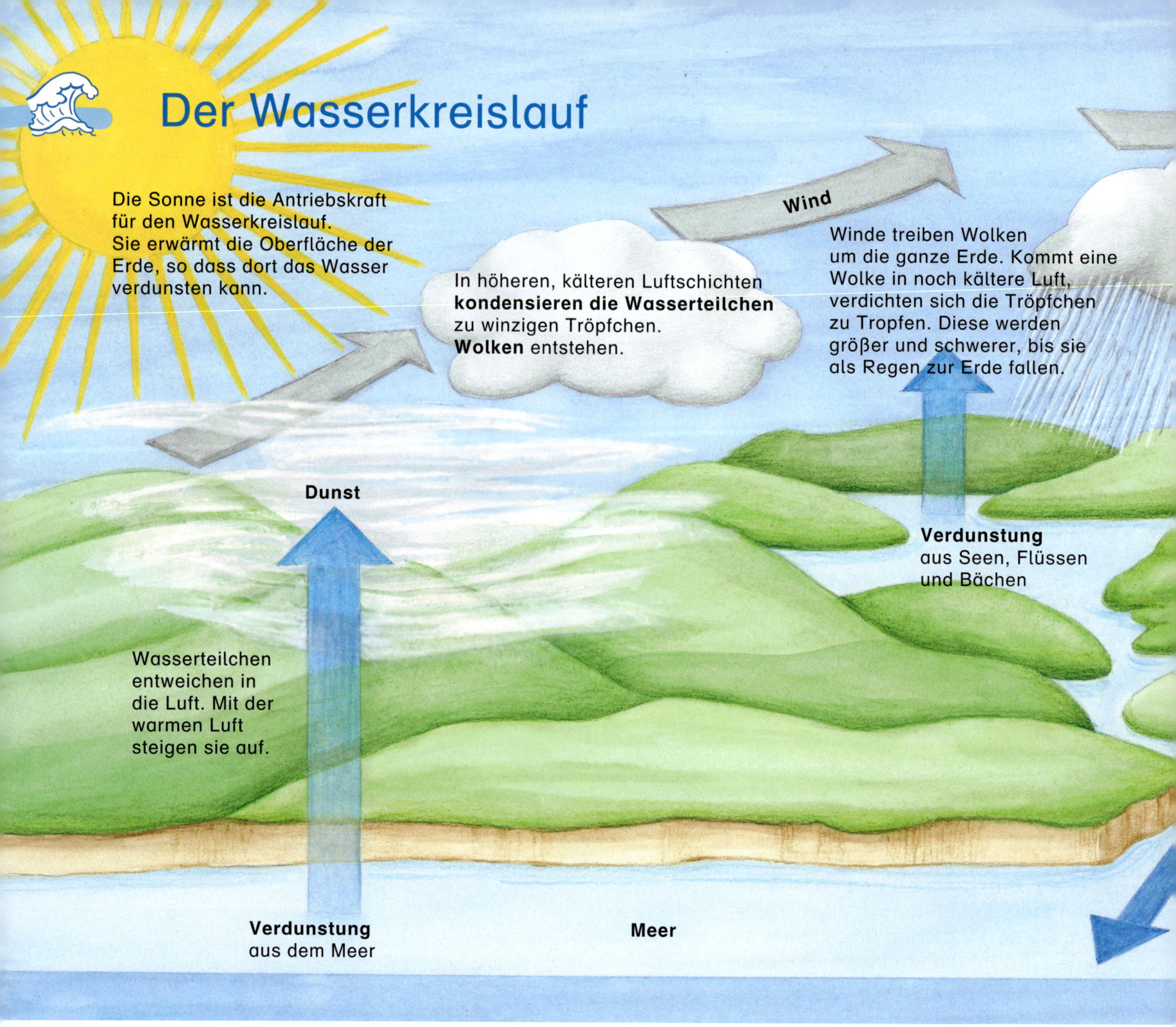

Die Sonne ist die Antriebskraft für den Wasserkreislauf. Sie erwärmt die Oberfläche der Erde, so dass dort das Wasser verdunsten kann.

In höheren, kälteren Luftschichten **kondensieren die Wasserteilchen** zu winzigen Tröpfchen. **Wolken** entstehen.

Wind

Winde treiben Wolken um die ganze Erde. Kommt eine Wolke in noch kältere Luft, verdichten sich die Tröpfchen zu Tropfen. Diese werden größer und schwerer, bis sie als Regen zur Erde fallen.

Dunst

Verdunstung
aus Seen, Flüssen und Bächen

Wasserteilchen entweichen in die Luft. Mit der warmen Luft steigen sie auf.

Verdunstung
aus dem Meer

Meer

Forscherauftrag 1:

Mit Hilfe eines Modells könnt ihr nachahmen und erklären, wie Regen entsteht.
Tipp: Die Tropfenbildung könnt ihr durch einen Glasdeckel besser beobachten.

Durch die Hitze der Herdplatte verdunstet das Wasser sehr schnell. Wenn das Wasser kocht, spricht man von „verdampfen".

Wasserdampf steigt deutlich sichtbar in die Luft auf. Am kühlen Topfdeckel kondensiert er zu winzigen Tröpfchen. Diese verdichten sich zu immer größeren Tropfen und fallen herab. Es „regnet".

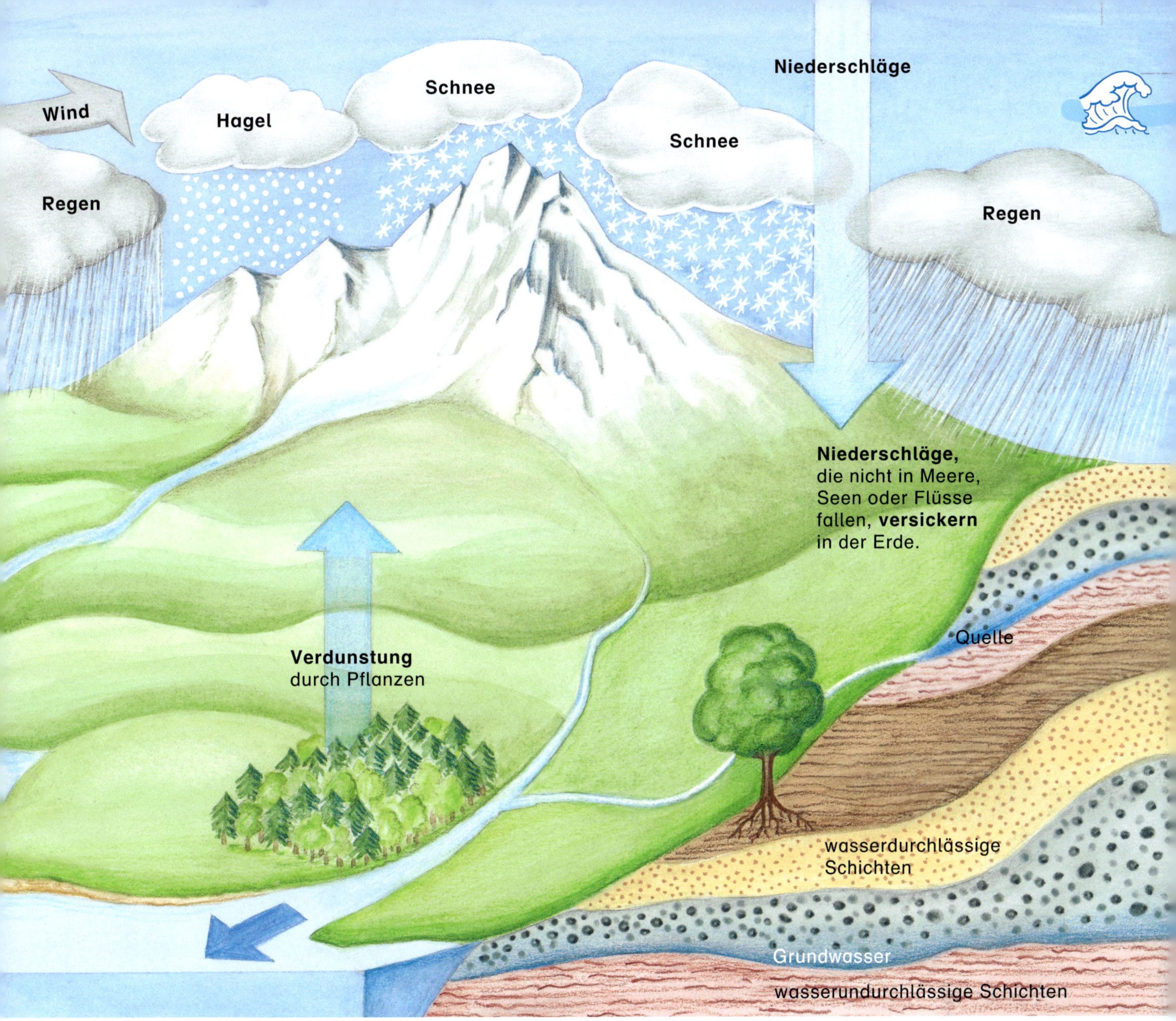
Wind
Hagel
Schnee
Niederschläge
Schnee
Regen
Regen
Niederschläge,
die nicht in Meere,
Seen oder Flüsse
fallen, **versickern**
in der Erde.
Quelle
Verdunstung
durch Pflanzen
wasserdurchlässige
Schichten
Grundwasser
wasserundurchlässige Schichten

Forscherauftrag 2: Wasser versickert

Du brauchst:
4 Einweckgläser, 4 Blumentöpfe, Messbecher, Stoppuhr, Humus, Sand, Lehm/Ton, Kies, Lineal

Tipp: Decke das Loch im Blumentopf mit einem Stück Seidenstrumpf ab.

Gieße in jeden Topf 500 ml Wasser. Wie lange braucht das Wasser, bis es durchgelaufen ist?

Stoppe die Zeit. Miss mit dem Lineal, wie viel Wasser ins Glas gelangt.

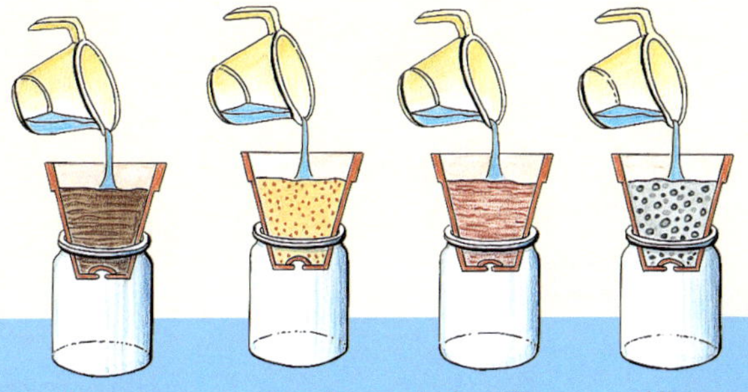
Humus
Sand
Lehm/Ton
Kies

Forscherauftrag 3: Wasserkreislauf

Baue den Wasserkreislauf im Glas nach.
Vergiss nicht: Gieße die Pflänzchen kräftig, bevor du das Glas mit der Folie verschließt.

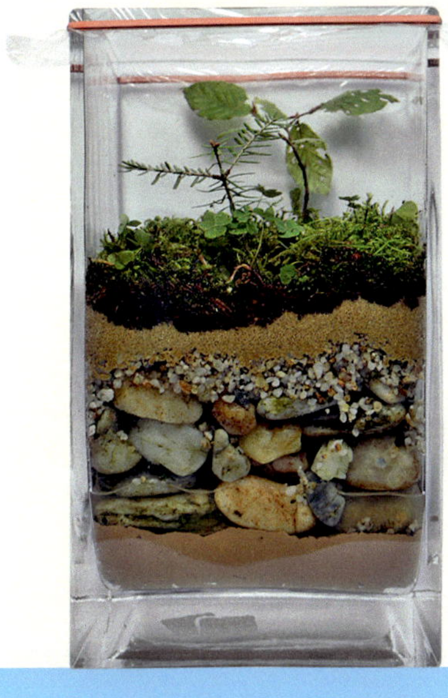

Schau jeden Tag nach, was passiert, und notiere deine Beobachtungen.

Der blaue Planet

Die ersten Pflanzen und Tiere lebten im Wasser und eroberten vor Millionen von Jahren das Land. Die riesigen Wassermengen machen unsere Erde zum „blauen Planeten".

Zwei Drittel der Erdoberfläche ist mit Wasser bedeckt. Der größte Teil des Wassers ist Salzwasser, das wir nicht trinken können.
Nur ein sehr kleiner Teil ist Süßwasser. Süßwasser brauchen Menschen, viele Tiere und Pflanzen zum Leben.
Wir Menschen können nur sehr sauberes Süßwasser trinken. Verunreinigtes Wasser kann uns krank machen.
Als Trinkwasser verwenden wir meist das Grundwasser tief aus der Erde oder Wasser aus Quellen. Wasser aus Seen oder Flüssen muss erst aufwändig gereinigt werden, bevor wir es trinken können.

In manchen Gegenden regnet es nur selten. Dort gibt es wenig Süßwasser.
In anderen Regionen regnet es häufig. Dort ist genügend Süßwasser in Flüssen, Seen und im Grundwasser.

Gesamtwasser 100 %

Salzwasser 97,4 %

Süßwasser 2,6 %

Trinkwasser 0,3 %

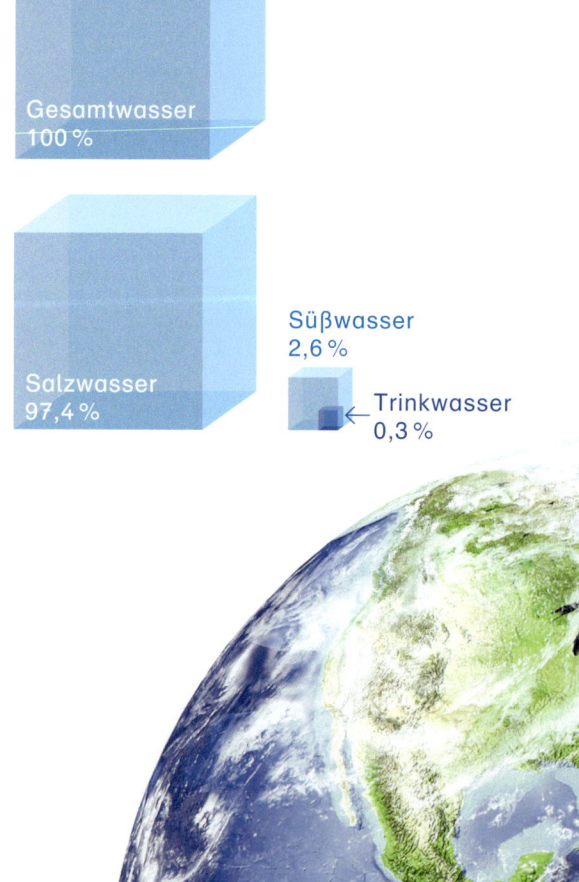

Lebensgrundlage   trinken   Ernährung
Körperpflege

Ohne Wasser geht es nicht

... zu Hause

Wusstest du, dass jeder von uns täglich ungefähr 130 Liter Wasser verbraucht?

  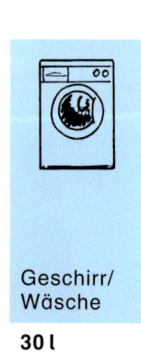  

Baden/ Duschen	Toiletten- spülung	Geschirr/ Wäsche	Putzen/ Pflanzen	Trinken/ Kochen
45 l	40 l	30 l	10 l	5 l

Wasser mit Reinigungsmittel wäscht sauberer als reines Wasser. Deshalb waschen wir zum Beispiel unsere Hände mit Seife oder Waschlotion. Dabei wird aber kostbares Trinkwasser verschmutzt.

Schreibe einen Tag lang auf, wann, wofür und womit du Wasser verschmutzt. Wasser, das wir benutzt haben, fließt in die Kläranlage.

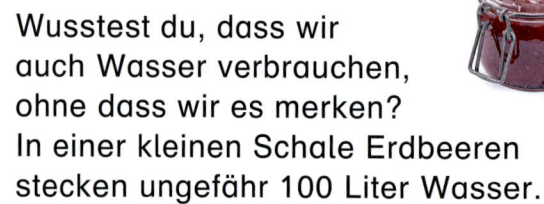

🕐 ?	Wofür?	Wie viel?	Womit?
7.00	Hände waschen	≈ 3 l	Seife
7.15	Zähne putzen	≈ ½ l	Zahnpasta
9.30	malen	≈ ½ l	Malfarbe

Tobi

...in der Landwirtschaft

Wusstest du, dass wir auch Wasser verbrauchen, ohne dass wir es merken? In einer kleinen Schale Erdbeeren stecken ungefähr 100 Liter Wasser.

Erdbeeren brauchen viel Wasser, damit sie wachsen können. Erdbeeren wachsen bei uns von Mai bis Juli. Da regnet es bei uns und die Erdbeeren können wachsen, ohne dass man sie künstlich bewässern muss. Wenn wir zu anderen Jahreszeiten Erdbeeren essen wollen, müssen sie aus wärmeren Ländern eingeführt werden. In besonders heißen Ländern regnet es nicht genug. Dann müssen die Erdbeeren bewässert werden. Dafür wird häufig sogar Trinkwasser aus dem Boden geholt.

In einem Schweineschnitzel stecken über 1000 Liter Wasser. Überlege, wie hier so viel Wasser verbraucht wird.

... in der Industrie

Wusstest du, dass für jedes Blatt Papier, auf das du schreibst,
Wasser verbraucht wurde?

Zur Herstellung von Papier wird Holz, Wasser und
Energie verbraucht.
Papier aus frischem Holz nennt man Frischfaserpapier.
Für Frischfaserpapier braucht man viel Wasser,
um das Holz zu einem dünnen Brei zu verarbeiten.

Vor hundert Jahren hat man zur Herstellung von einem
Kilogramm Papier bis zu 1000 Liter Wasser verbraucht.
Durch technische Entwicklungen kann man das Wasser
heute mehrfach verwenden. So verbraucht man heute
nur noch zwischen 7 und 20 Liter Wasser, um die
gleiche Menge Papier herzustellen.

Statt frischem Holz kann auch Altpapier als Roh-
stoff zur Herstellung von Papier verwendet werden.
So müssen keine Wälder durchforstet oder abgeholzt werden. Das Altpapier wird mit Hilfe von
Wasser, Seife und Lauge von Druckfarben befreit,
bevor es zu neuem Papier verarbeitet werden
kann.

Man kann Papier 6–7 mal recyceln. Man nennt das
Papier Recyclingpapier. Für die Herstellung von
einem Kilogramm Recyclingpapier werden 5 bis
10 Liter Wasser verbraucht. Das ist weniger als für
Frischfaserpapier.

Es gibt Zeichen, die helfen,
umweltfreundlich einzukaufen.
Was bedeuten diese Zeichen?
Welche kennst du noch?

An die Welt denken – zu Hause handeln

Im Blickpunkt: Die Plastiktüte

Beim Bäcker, beim Metzger, im Drogeriemarkt, im Kaufhaus – überall werden unsere Einkäufe in eine oder mehrere Plastiktüten gepackt. Das ist praktisch für uns. Wir müssen zum Einkauf keine Taschen von zu Hause mitnehmen. Plastiktüten sind sehr leicht und trotzdem können sie viel Gewicht tragen. Sie schützen unsere Einkäufe gegen Regen. Mach deine Augen auf: Wo entdeckst du Plastiktüten? Notiere oder fotografiere.

Warum verzichten viele Menschen, die umweltbewusst einkaufen wollen, auf Plastiktüten?

Plastiktüten bestehen aus wertvollem Erdöl. Zu ihrer Herstellung braucht man viel Energie.

Eine Plastiktüte benutzt du im Durchschnitt 30 Minuten.

Weggeworfene Plastiktüten belasten die Umwelt. Sie sind biologisch nicht abbaubar. Bis sie zur Größe eines Sandkorns zersetzt sind, dauert es ungefähr so lange:

0 — ganze Plastik-tüte   100   200   300 Jahre Größe eines Sandkorns

So viele Plastiktüten verwendet jeder von uns durchschnittlich in einem Jahr:

Das passiert mit Plastiktüten, die du in den Hausmüll oder in den gelben Sack gibst:
Tüten aus dem Hausmüll werden klima-verbrannt. Dabei entstehen klimaschädliche und giftige Gase. Tüten aus dem gelben Sack werden recycelt.

Berechne: Wie viele Tüten verbraucht deine Familie in einem Jahr?
Wie viele Tüten verbrauchen alle Einwohner deines Dorfes oder deiner Stadt?

Sammelt Ideen, wie jeder von euch Plastiktüten einsparen kann.

Hier landen Plastiktüten, die achtlos weggeworfen wurden:

Diese Plastiktüten werden vom Wind verweht und gelangen so in Bäche, Flüsse und in die Meere. Dort bilden sie zusammen mit anderem Plastikmüll schwimmende Plastikteppiche. An sechs Stellen der Weltmeere haben sich durch die Strömung gigantische Müllstrudel entwickelt.

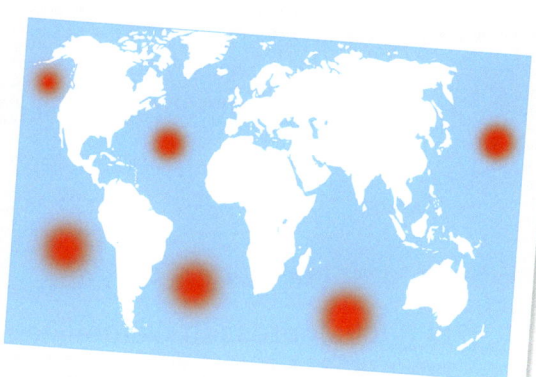

Plastiktüten sind für Tiere gefährlich.

Die Tüten zerfallen im Laufe der Zeit in immer kleinere Teile. Tiere im Meer und an den Küsten verwechseln diese kleinen Teilchen oft mit ihrer Nahrung. Manche Tiere verhungern mit einem Magen voller Plastik. Manche ersticken daran.

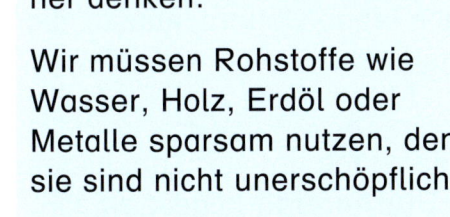

Pottwal mit 17 kg Plastikmüll im Magen gestrandet

An die Welt denken – zu Hause handeln.

Weißt du jetzt, was damit gemeint ist? Sprecht darüber in der Klasse und erklärt es mit euren eigenen Worten.

Stellt nun das Handy in den Blickpunkt. Nehmt die Herstellung, die Nutzungsdauer und die Entsorgung unter die Lupe. Gestaltet eine Infowand.

Sammelt in Gruppen Ideen, wie wir nachhaltig leben können. Diese Ideen sind für die Zukunft der Erde wichtig.

Verschiedene Seiten in diesem Buch können dir dabei weiterhelfen. Schau dazu im Register unter folgenden Begriffen nach: Energie, Wasser, Lebensmittel, Mode, Tourismus.

Nachhaltig leben

Bei allem, was wir tun, müssen wir auch an die Zukunft der Erde und seiner Bewohner denken:

Wir müssen Rohstoffe wie Wasser, Holz, Erdöl oder Metalle sparsam nutzen, denn sie sind nicht unerschöpflich.

Alle Menschen, Tiere und Pflanzen brauchen auch in Zukunft sauberes Wasser und saubere Luft zum Leben.

Alle Menschen wollen in Frieden leben. Menschen dürfen andere Menschen nicht ausbeuten.

Tierforscher am Bach

Wie können Tiere unter Wasser atmen?

Welche Tiere gibt es im Bach? …

Gibt es gefährliche Tiere im Bach?

Wie heißt das kleinste Bachtier?

Bachforscher rüsten sich aus:

- je nach Jahreszeit Gummistiefel oder wasserfeste Sandalen
- Behälter wie Eimer, Gläser mit Deckel, Plastikdosen, Plastiktüten
- kleinmaschiger Kescher
- Becherlupe, Leselupe
- Gummihandschuhe
- Borstenpinsel
- kleine Schaufel
- Fernglas
- Kamera
- Bestimmungsbücher
- Papier und Stifte

Das sollten Bachforscher wissen:

Bäche nennt man Fließgewässer. Sie entstehen aus einer Quelle und fließen in einen Fluss, in einen See oder ins Meer. Ob ein Bach langsam oder schnell fließt, ist abhängig vom Gelände und der Wassermenge. Diese Bewegung des Wassers heißt Strömung. Pflanzen und Tiere, die an oder in einem Bach leben wollen, müssen sich auf seine Strömung einstellen.

Jeder Bach hat vier Lebensbereiche für Tiere. Im **Uferbereich** findest du z. B. Amphibien wie die Gelbbauchunke. Schau nach auf Seite 130 und 131. Auf der **Wasseroberfläche** kannst du z. B. Wasserläufer beobachten, die sich von Insekten ernähren, die auf das Wasser gefallen sind. Im **Freiwasser**, also zwischen Oberfläche und Grund, leben viele Fische und kleinere Wassertiere wie z. B. Wasserflöhe. Auf dem **Gewässerboden** kannst du zwischen Steinen oft ein Gehäuse der Köcherfliegenlarve entdecken.

Suche die Wohnröhre einer Köcherfliegenlarve. Fülle eine Becherlupe mit Wasser. Lege die Wohnröhre vorsichtig hinein. Beobachte, was passiert. Zeichne die Wohnröhre. Vergiss nicht: Bringe die Wohnröhre der Köcherfliegenlarve wieder dorthin zurück, wo du sie gefunden hast.

Die Schlammschnecke ernährt sich von frischen und faulenden Pflanzenteilen und Algen. Sie muss zum Atmen an die Wasseroberfläche kommen. In einer Körperhöhle schließt sie die Luft ein und hält es dann wieder eine Zeit lang unter Wasser aus.

Bachflohkrebse werden höchstens zwei Zentimeter groß. Sie leben meist zwischen dichten Wasserpflanzen in sandigen und steinigen Bächen. Ins Wasser gefallene Blätter fressen sie bis auf das Skelett auf.

Schlammschnecken kannst du gut ein paar Tage in einem großen Glas halten und beobachten. Gib ihr Wasserpflanzen, Gemüse oder Salat als Nahrung. Wichtig: Setze die Schnecke wieder dort aus, wo du sie gefunden hast!

Gelingt es dir, mit einer Becherlupe einen Bachflohkrebs zu fangen? Beobachte, wie er sich bewegt. Woher hat er seinen Namen?

127

Pflanzenforscher am Bach

Wie kann eine Pflanze unter Wasser leben?

Gibt es giftige Pflanzen am Bach?

Gibt es am Bach geschützte Pflanzen?

Welche Pflanzen wachsen am Bach?

Die **Wasserpest** liebt langsam fließende Gewässer. Sie wurzelt im Grund eines Gewässers und hat bis zu drei Meter lange biegsame Stängel. Sie kann sich sehr schnell verbreiten, weil ihre Stängel abbrechen und sofort wieder weiterwachsen. Die Wasserpest gehört zu den Unterwasserpflanzen.

Gib ein Stück Wasserpest in ein mit Wassergefülltes Glas. Stelle es in die Sonne. Was beobachtest du?

Die **Sumpfdotterblume** ist ein Frühblüher mit leuchtend gelben Blüten und fleischigen Blättern. Ihre Samen sind mit einem Gewebe versehen, das kleine, luftgefüllte Hohlräume hat. Wenn es regnet, werden die Samen aus der Frucht herausgeschwemmt. Sie schwimmen entlang des Ufers, bis sie an eine Stelle kommen, wo sie keimen können. Die Sumpfdotterblume gehört zu den Uferpflanzen.

Pflücke eine Sumpfdotterblume, zeichne und presse sie.

Kennst du weitere Ufer- und Unterwasserpflanzen?
Seerosen gehören zu den Schwimmblattpflanzen. Was bedeutet diese Bezeichnung? Wo können Schwimmblattpflanzen wachsen?

Vergleiche die beiden Bilder.
Wo gibt es mehr Lebensraum und Schutz für Tiere und Pflanzen?

Gibt es bei euch einen Bach?
Findet heraus, ob er natürlich fließt oder begradigt ist.

Was ist eine Bachpatenschaft? Informiert euch im Umweltamt eurer Gemeinde.

Vom Ei zum Froschlurch – eine erstaunliche Verwandlung

An Tümpeln, Teichen, Seen, Bächen und Flüssen, aber auch auf feuchten Wiesen und Feldern leben Froschlurche: Kröten, Frösche und Unken.

Froschlurche sind Amphibien. Der Name Amphibie kommt aus der griechischen Sprache: „amphi" heißt „auf beiden Seiten" und „bio" heißt „Leben". Amphibien können also „auf beiden Seiten" leben: Einen Teil ihres Lebens verbringen sie im Wasser und einen Teil ihres Lebens an Land.

Der Start ins Leben beginnt für alle Froschlurche im Wasser.

Zur Paarungszeit im Frühjahr und bis in den Sommer hört man die lauten Rufe der Männchen. So locken sie die Weibchen an.

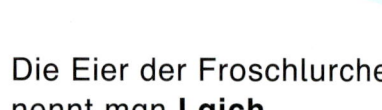

1 Woche

1 cm
4 Wochen

Die Eier der Froschlurche nennt man **Laich**.

Die Eier sind von einer gallertartigen, durchsichtigen Masse umgeben. So kann die Sonne sie gut wärmen.

Wenn das Wasser warm ist, dauert es nur wenige Tage, bis aus den Eiern winzige Larven schlüpfen. Wenn das Wasser kalt ist, kann es einige Wochen dauern. Diese Larven heißen **Kaulquappen**.

Kaulquappen können nur im Wasser leben. Sie atmen mit Kiemen.

Grasfrosch

Laubfrosch

Moorfrosch

Wasserfrosch

Am liebsten hält sich der Wasserfrosch in Teichen oder Gräben auf. Mit Schwimmhäuten zwischen den Zehen kann er gut schwimmen. Manchmal sitzt er auf einem Seerosenblatt und ist wegen seiner Körperfarbe schwer zu entdecken. Hier lauert er Insekten auf. Seine klebrige Zunge kann blitzschnell aus dem Mund schnellen und die Insekten aus der Luft fangen.
Seine Beine sind mindestens so lang wie sein Körper und sehr muskulös.
Bei Gefahr springt er schnell ins Wasser und taucht unter.

Wenn der junge Frosch zum ersten Mal an Land geht, hat er meist noch einen kleinen Stummelschwanz.

4 cm

2 cm

ca. 3 Monate

2 Monate

Der Kaulquappe wachsen kleine Füßchen, zuerst die Hinterbeine, dann die Vorderbeine.

Die Lunge bildet sich aus. Der Schwanz und die Kiemen bilden sich zurück.

Hast du solche niedrigen Zäune am Straßenrand schon gesehen?
Was weißt du darüber?
Erzähle.

Gelbbauchunke

Geburtshelferunke

Knoblauchkröte

Erdkröte

Wem gehört das und wer kümmert sich darum?

Für uns ist es ganz selbstverständlich, dass wir in unserem täglichen Leben viele Dinge und Einrichtungen nutzen können.
Betrachte jedes einzelne Bild:
Wer bezahlt das?
Wer kümmert sich darum und hält es in Ordnung?

Die Gemeinde übernimmt viele Aufgaben für uns. Wenn eine Gemeinde selbst nicht genügend Geld hat, kann sie sich einzelne Aufgaben mit Nachbargemeinden teilen.

Was ist eine Gemeinde?
Eine Gemeinde ist eine Gemeinschaft, in der Kinder, Jugendliche, Erwachsene und alte Menschen leben. Man nennt sie Einwohner.

Gemeinde nennt man auch den Ort, in dem die Menschen leben.

Gemeinden sind sehr verschieden. Viele bestehen aus mehreren Orten. Manche haben nur wenige Einwohner, andere sind sehr groß. Man nennt sie Städte. In einer Großstadt wie München leben sogar über eine Million Menschen.

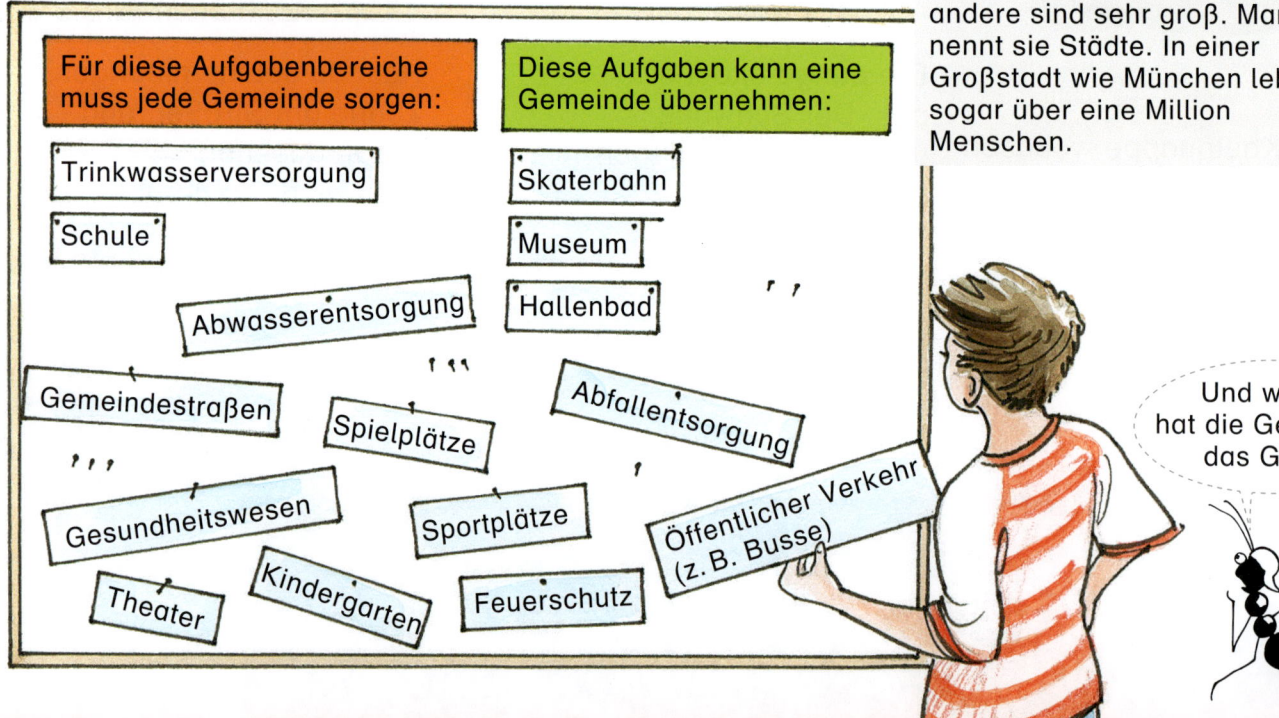

Für diese Aufgabenbereiche muss jede Gemeinde sorgen:
- Trinkwasserversorgung
- Schule
- Abwasserentsorgung
- Gemeindestraßen
- Spielplätze
- Gesundheitswesen
- Sportplätze
- Theater
- Kindergarten
- Feuerschutz

Diese Aufgaben kann eine Gemeinde übernehmen:
- Skaterbahn
- Museum
- Hallenbad
- Abfallentsorgung
- Öffentlicher Verkehr (z. B. Busse)

Und woher hat die Gemeinde das Geld?

Unsere Gemeinde

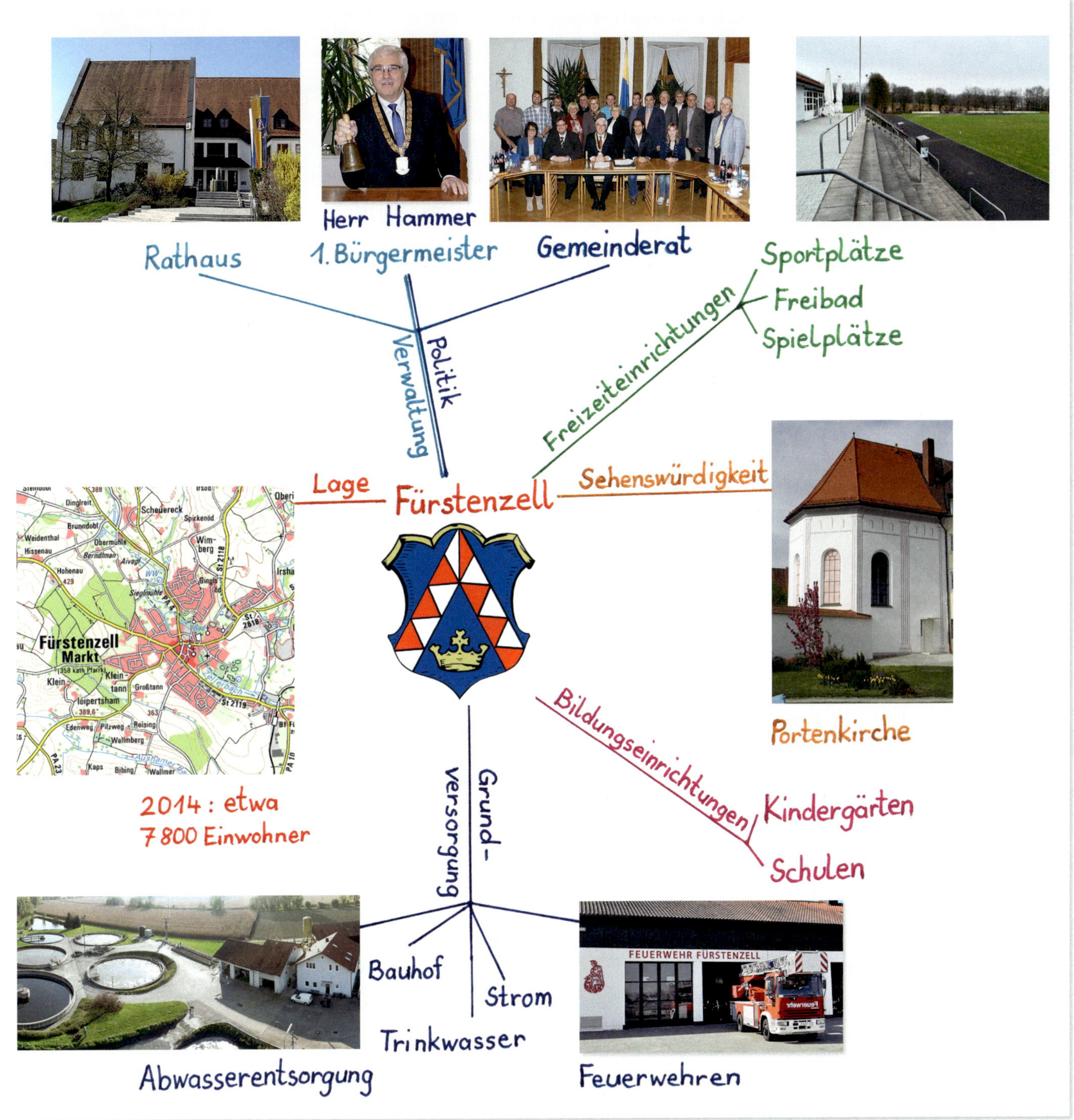

Rathaus

Herr Hammer
1. Bürgermeister

Gemeinderat

Sportplätze
Freibad
Spielplätze

Freizeiteinrichtungen

Politik
Verwaltung

Lage **Fürstenzell** Sehenswürdigkeit

Portenkirche

2014: etwa
7 800 Einwohner

Bildungseinrichtungen
Kindergärten
Schulen

Grund-
versorgung

Bauhof
Strom
Trinkwasser

Abwasserentsorgung

Feuerwehren

Erkundet eure Gemeinde. Interviewt den Bürgermeister. Macht Fotos,
sammelt Prospekte und Postkarten und gestaltet ein Gemeindeplakat.

Wie kannst du dazu beitragen, Einrichtungen
in der Gemeinde in Ordnung zu halten?

Was könnte in eurer Gemeinde verbessert werden?
Was wünscht ihr euch?
Sprecht darüber. Wie könnt ihr das erreichen?

Einwohner   Bürger   Sehenswürdigkeiten   Bürgermeister

öffentliche Einrichtungen   Lageplan

Eine Schuloase wäre toll!

Die Kinder der vierten Klasse wünschen sich einen Lese- und Ruheraum. Der Schulleiter stellt ein leeres Klassenzimmer zur Verfügung. Nun überlegen alle, wie der Raum aussehen soll. Sie zeichnen und schreiben ihre Wünsche und Vorstellungen auf. Danach diskutieren die Kinder im Klassenrat und entscheiden. Dann schreiben sie einen Antrag an die Bürgermeisterin.

Grundschule St. Severin
Schulstraße 1
80004 Neuhausen

21. September

Sehr geehrte Frau Bürgermeisterin,

wir sind die vierte Klasse der Grundschule St. Severin. In einem leeren Klassenzimmer wollen wir uns eine gemütliche Schuloase einrichten. Diesen Lese- und Ruheraum können auch die Kinder der Nachmittagsbetreuung nutzen.

Das sind unsere Wünsche:
- zehn große Sitz- und Liegekissen
- Regale
- ein großer runder Teppich und bunte Vorhänge
- ein Aquarium
- viele Bücher

Es wäre toll, wenn Sie uns dafür das Geld genehmigen könnten. Wir werden alles schön einrichten und gut darauf aufpassen. Versprochen!

Mit freundlichen Grüßen
Ihre Klasse 4

Gemeinde Neuhausen

28. September

Lese- und Ruheraum

Liebe Schülerinnen und Schüler der 4. Klasse,

ich freue mich sehr, dass ihr euch für die Gestaltung eurer Schule einsetzt. Wir werden euren Antrag in der nächsten Gemeinderatssitzung diskutieren. Aber es stehen auch noch andere wichtige Punkte auf der Tagesordnung:

- Schließung des Freibads
- Altenheim: Bau einer Rampe für Rollstuhlfahrer
- Ausbesserungsarbeiten an der Straße nach Oberndorf
- Grundschule St. Severin: Einrichtung für einen Lese- und Ruheraum
- Kauf eines neuen Schneepflugs für den Bauhof

Wie ihr seht, muss der Gemeinderat über viele Projekte entscheiden. Wir haben aber nicht so viel Geld, dass alles auf einmal angeschafft werden kann. In der Gemeinderatssitzung wird demokratisch entschieden, was sofort angeschafft und finanziert wird und was noch warten muss. Die Sitzung ist öffentlich. Jeder, der möchte, kann kommen und zuhören. Ihr erhaltet Bescheid, wie wir über euren Antrag abgestimmt haben.

Mit freundlichen Grüßen

Lisa Angerer, 1. Bürgermeisterin

Antrag

Eine Woche später findet die Gemeinderatssitzung statt.

Auf Dauer ist es schwierig, die Kosten für den Bademeister, die Reparaturen und die technische Wasseraufbereitung zu tragen.

Wir kommen zum Tagesordnungspunkt 1: Schließung oder Sanierung des Freibads

Wir brauchen das Schwimmbad auf jeden Fall für den Schwimmunterricht an den Schulen.

Das Schwimmbad ist wichtig für den Tourismus.

Nach Neustadt sind es nur 10 Kilometer. Dort gibt es ein großes Erlebnisbad. Viele fahren jetzt schon dorthin!

In der Gemeinde gibt es wenige Freizeitmöglichkeiten. Das Schwimmbad wird von Familien und älteren Bürgern gern genutzt.

V. Binder Gemeinderat — E. Burger Protokollführer — A. Weber Gemeinderat — R. Özkan Gemeinderat — L. Angerer Bürgermeisterin — A. Mai 2. Bürgermeister — D. Leitner Gemeinderat — K. Saiko Gemeinderat — H. Eckerl Gemeinderat

Der Gemeinderat darf nicht nur einzelne Interessen im Blick haben, sondern muss das Wohl aller Bürgerinnen und Bürger berücksichtigen. Wird das Freibad geschlossen oder saniert? Wie könnten die Gemeinderäte entscheiden?
Spielt eine Gemeinderatssitzung. Diskutiert und entscheidet über den Antrag der Kinder.

Alle 4 – 6 Wochen finden Gemeinderatssitzungen statt. Dort diskutieren die Gemeinderäte über die gestellten Anträge. Danach stimmen sie ab. Die Mehrheit entscheidet. Das Ergebnis wird aufgeschrieben und in der Gemeinde bekanntgegeben.

Gemeinderäte und Bürgermeister werden alle 6 Jahre von den Bürgern eines Ortes gewählt. Sie vertreten die Interessen der Bürger. Das hat den Vorteil, dass nicht bei jeder Entscheidung alle Bürger ins Rathaus gehen müssen. Jedoch darf jeder, der mag, an einer öffentlichen Sitzung teilnehmen.

Einwohner einer Gemeinde, die wahlberechtigt sind, nennt man Bürger.
Sie können sich als Kandidat für den Gemeinderat oder das Bürgermeisteramt aufstellen lassen.

Die Wahlen sind demokratisch und geheim.

Kandidaten, die die erforderliche Stimmzahl erhalten, sind in den Gemeinderat gewählt.

Worüber wird in eurer Gemeinde gerade diskutiert und abgestimmt?
Fragt eure Eltern, lest in der Zeitung.

Die Gemeinde ist für alle da

Im Rathaus finden die Gemeinderatssitzungen statt.
Hier ist auch der Sitz des Bürgermeisters.
Außerdem sind alle Ämter der Stadt- oder Gemeindeverwaltung
im Rathaus untergebracht. Hier kann man viele Dienste
in Anspruch nehmen und Informationen erhalten.

Wegweiser für Rathausbesucher

Erdgeschoss	Zimmer	Obergeschoss	Zimmer
Bauamt	01	Bürgermeister	10
Bauhof	02	Sekretariat	11
Fundbüro	03	Kämmerer (Kasse)	12
Friedhofsverwaltung	04	Einwohnermeldeamt	13
Standesamt	05	Gewerbeamt	14
Passamt	06	Umweltschutz	15
Verkehrsüberwachung	07	Abfallberatung	16
Dachgeschoss		Sitzungssaal	

Die Menschen auf dem Bild
haben viele Anliegen.
Welches Amt im Rathaus
ist zuständig?

Erkundige dich:
Wo kannst du deinen Kinder-
ausweis verlängern lassen?

Bürger   Rathaus   Ämter   Bürgermeister
Bürgermeisterin   Gemeinderat

In der Gemeinderatssitzung wurde beschlossen, das Freibad zu schließen. Aber viele Bürger wollen sich damit nicht abfinden. Sie engagieren (sprich: angaschieren) sich für das Freibad und gründen eine **Bürgerinitiative**.

Sie informieren ihre Mitbürger über die Bedeutung des Freibads für die Gemeinde und beschließen ein **Bürgerbegehren** zu starten. Dafür müssen sie möglichst viele Unterschriften von allen Wahlberechtigten der Gemeinde sammeln.

Wenn genügend Stimmen gesammelt wurden, kann in einem **Bürgerentscheid** über den Erhalt des Freibads abgestimmt werden.

Wenn sich die Mehrheit gegen den Erhalt des Freibads entscheidet, muss sich die Bürgerinititative damit abfinden.

Erkundigt euch: Gab es in eurer Gemeinde schon einmal einen Bürgerentscheid? Berichtet davon.

Sich engagieren: Das Wort kommt aus dem Französischen und bedeutet: sich einsetzen, mitwirken, Verantwortung übernehmen.

Bürgerinitiative   Bürgerbegehren   Bürgerentscheid   **137**

Brücken bauen

Die Spielzeugfiguren wollen auf die andere Seite der tiefen Schlucht gelangen. Baut eine Brücke für sie. Ihr habt Papierblätter, Schere und Kleber zur Verfügung. Achtung: Eure Brücke sollte möglichst viele Figuren tragen können. Vielleicht wollen ja alle zusammen rübergehen. Überlegt, wie ihr die Brücke bauen wollt.

Tipp:

Ihr könnt Papier …

… falten

… knicken

… rollen

… verdicken

… versteifen

Testet die fertige Brücke mit euren Spielfiguren.

Vergleicht eure Brücke mit denen eurer Klassenkameraden.
Wer hat am wenigsten Papier gebraucht?
Wer hat die stabilste Brücke?

> Ein Blatt reicht nicht. Wir müssen unsere Brücke dicker machen.

> Ja, gut. Legen wir einfach mehrere Blätter übereinander.

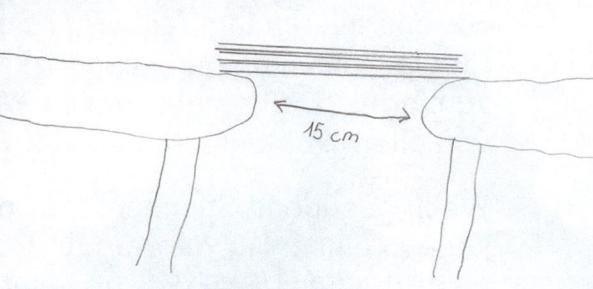

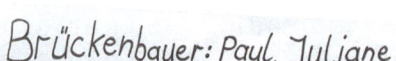

Brückenbauer: Paul, Juliane

So sieht unsere Brücke aus:

15 cm

So viele Blätter haben wir gebraucht: Erst 5, dann 10

So haben wir gebaut: Wir haben 5 Blätter aufeinander gelegt, dass sie schön dick und stabil sind.

Das ist passiert:

5 Blätter: Brücke ist schon mit einem Stofftier eingebrochen.

10 Blätter: Brücke ist etwas stabiler, bricht aber auch mit mehreren Stofftieren ein.

Eine Brücke testen

Ihr braucht:
quaderförmige Holzbausteine,
Spielfiguren

Baut diese Balkenbrücken.

Welche Brücke ist stabiler?
Vermutet.

Testet beide Modelle:
Baut sie auf glattem Untergrund und
auf einem Teppich auf.
Lasst die Spielzeugfiguren darauf
springen.
Was stellt ihr fest?
Begründet.

Eine Brücke stabiler machen

Ihr braucht:
vier längliche Holzbausteine, Papierblätter, Spielzeugmännchen

Baut diese Balkenbrücke.

Trägt die Brücke ein Spielzeugmännchen?

Spannt aus Papier einen Bogen
unter den Träger.
Testet wieder die Tragfähigkeit der
Brücke.
Was stellt ihr fest?

Aus einem Lexikon:

Balkenbrücke:

Balken
Träger

Stütze
Pfeiler

Bogenbrücke:

Eine Brücke konstruieren

Ihr braucht:
quaderförmige Holzbausteine

Legt einen Baustein auf den anderen.
Verschiebt den oberen Baustein.
Wann kippt er?

Baut auf diese Weise mit den
Bausteinen eine Brücke.

Zeichnet eine genaue Bauanleitung
für eure Brücke.

Vergleicht eure Brückenmodelle.
Welche Brücke ist besonders stabil? Begründet.
Welche Brücke gefällt euch besonders gut?

Habt ihr eine Idee für eine sehr lange oder
sehr hohe oder ganz außergewöhnliche Brücke?

Brücken verbinden und tragen

Wenn ein zufällig umgefallener Baum über einem Bach liegt, lässt sich dieser leicht überqueren. Ganz einfache **Brücken** und **Stege** aus Holz oder Steinen haben Menschen schon früh gebaut.

Diese **Kragsteinbrücke** steht auf der Insel Kreta in Griechenland. Sie ist über 2200 Jahre alt. Man kann sie auch heute noch benutzen.

Die **„Steinerne Brücke"** in Regensburg ist fast 900 Jahre alt. Sie gehört zu den ältesten Brücken in Bayern und führt über die Donau. Man verwendete genau zugeschlagene Steine, um die Rundbögen bauen zu können. Noch immer ist die Brücke ein wichtiger Verkehrsweg für Fußgänger und Stadtbusse. Andere Kraftfahrzeuge dürfen nicht mehr über die Brücke fahren. Kannst du dir denken, warum?

Wusstest du das?

Das Wort Brücke ist verwandt mit dem Wort Prügel. Es stammt aus der Zeit der Germanen. Sie bauten in sumpfigem Gelände mit Holzprügeln Dämme, über die sie dann gehen konnten.

Im Mittelalter nahm der Handel zu und man benötigte immer mehr Wege und Brücken. Wer über eine Brücke fuhr, musste eine Art Maut, den Brückenpfennig, bezahlen. Dieses Geld benutzte man dann für den Bau und den Erhalt von Brücken.

Manchmal sagen dir die Namen von Städten, dass es hier schon vor langer Zeit Brücken gab: zum Beispiel Osnabrück, Saarbrücken oder Innsbruck. Kennst du einen Ort, in dessen Namen eine Brücke steckt?

Ob die Brücke mich trägt?

Schau die Brücken genau an.

Aus welchen Materialien wurden sie gebaut?

Welche dieser Bauteile entdeckst du?

Träger

Stützen, Pfeiler

Seile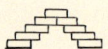

Welche Bautechnik wurde verwendet?

Bogen

Kragbogen

Fachwerk

Aufhängung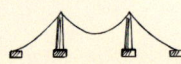

Holz- Stein- Eisen-
Beton- Stahl-

Diese **Bogenbrücke** aus Eisen heißt Ponte Dom Luis und steht in Portugal. Sie wurde 1886 von einem Mitarbeiter Gustave Eiffels, dem Erbauer des Eiffelturms, konstruiert.

In den Bergen findest du oft **Hängebrücken** für Fußgänger. Sie sind leichter als andere Brücken und können große Entfernungen überspannen.
Auf manchen Spielplätzen kannst du ausprobieren, über Hängebrücken zu gehen. Vorsicht: Sie wackeln oft!

Große Hängebrücken, über die auch Fahrzeuge fahren, sind komplizierter, aber auch stabiler gebaut. Die **Akashi-Kaikyo-Brücke** in Japan ist die längste Hängebrücke der Welt. Sie hat nur zwei Stützen im Wasser und überbrückt eine Weite von 1991 Metern.

Balkenbrücken brauchen Stützen, auf denen die Träger (Balken) liegen können. Die 190 Meter hohe Europabrücke in Österreich ist die höchste Balkenbrücke Europas. Sie wurde aus Beton und Stahl gebaut.

Wie viele Brücken gibt es in deiner Umgebung?

Wähle eine aus und forsche nach:
Welche Art von Brücke ist es?
Aus welchem Material ist sie gebaut?
Wie alt ist die Brücke?
Welchen Namen trägt sie?
Wofür wird sie genutzt?

Zeichne die Brücke. Zeichne Teile der Brücke, die dir besonders gut gefallen. Du kannst auch fotografieren oder die Brücke nachbauen.

Heftet eure Ergebnisse zu einem gemeinsamen Brückenbuch zusammen oder stellt sie in der Schule aus.

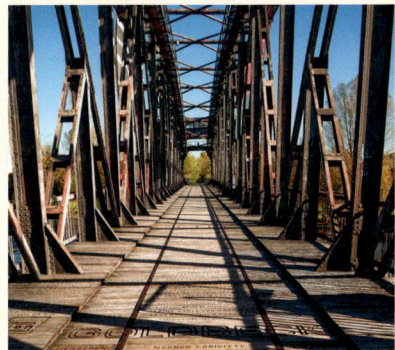

Die Träger der Eisenbahnbrücke wurden durch schräge Stäbe stabil gemacht. Man nennt diese Technik **Fachwerk**.

Balken-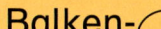　Hänge-
Bogen-⌒　　Fachwerkbalken-⌒

Alles im Gleichgewicht?

Was ist Gleichgewicht? Was bedeutet es für dich?

Balance-Kunststücke

Auf einer Wippe können mehrere Kinder, die unterschiedlich groß und schwer sind, ins Gleichgewicht kommen.
Wie können sich die drei Kinder auf die Wippe setzen, so dass diese im Gleichgewicht bleibt?
Baut die Wippe nach und probiert mehrere Möglichkeiten aus.

Schwerpunktsuche

Du brauchst:
Kochlöffel

Halte den Kochlöffel auf deinen beiden ausgestreckten Zeigefingern. Die Finger sollten einen möglichst großen Abstand zueinander haben. Bewege nun die Finger langsam aufeinander zu. Du wirst staunen – deine Finger treffen sich am Schwerpunkt des Kochlöffels.

Suche den Schwerpunkt bei einem Lineal, einer Schere oder deinem Füller.

Balance-Kunstwerke bauen

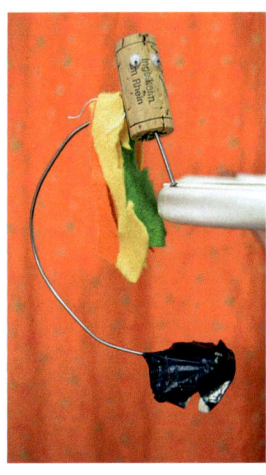

Sammelt Materialien wie Schaschlikspieße, Korken, Alufolie, Schnüre, Bänder, alte CDs, alte Stifte, Strohhalme, Draht, Knetmasse, ...
Tolle Balance-Kunstwerke könnt ihr auch aus Naturmaterialien bauen: Zweigen, Zapfen, Eicheln, Steinen, ...

Die magische Schachtel

Die Schachtel müsste doch eigentlich vom Tisch herunterfallen! Sind hier Zauberkräfte im Spiel oder ist alles im Gleichgewicht?

Wer schafft das?

Du brauchst:
längliche Holzbausteine oder Dominosteine

Baue diesen Turm nach.

Was passiert, wenn du die beiden äußeren Stützen vorsichtig wegziehst?

Vermute.

Probiere aus.

Findest du eine Erklärung?

Ohne Gleichgewicht wäre vieles nicht möglich.

Entdeckungstour durch Passau

Die Grundschulkinder der Altstadtschule in Passau bekommen Besuch von ihrer tschechischen Partnerklasse aus Krumau. Diese Sehenswürdigkeiten wollen sie den Kindern der Partnerklasse zeigen:

Was wir der Partnerklasse zeigen wollen:
Spielplatz ✓
Dom ✓
Rathaus ✓
Schaiblingsturm ✓
Burg Oberhaus ✓

Hier, von der Altstadtschule aus, starten die Kinder.

Auf welcher Abbildung oder Karte entdeckst du die Sehenswürdigkeiten? Findest du auf jeder Abbildung oder Karte einen Weg, der an allen Sehenswürdigkeiten vorbei führt?

Postkarte von Passau

Postkarte   Stadtplan   Satellitenaufnahme

Passau von einem Satelliten aus aufgenommen

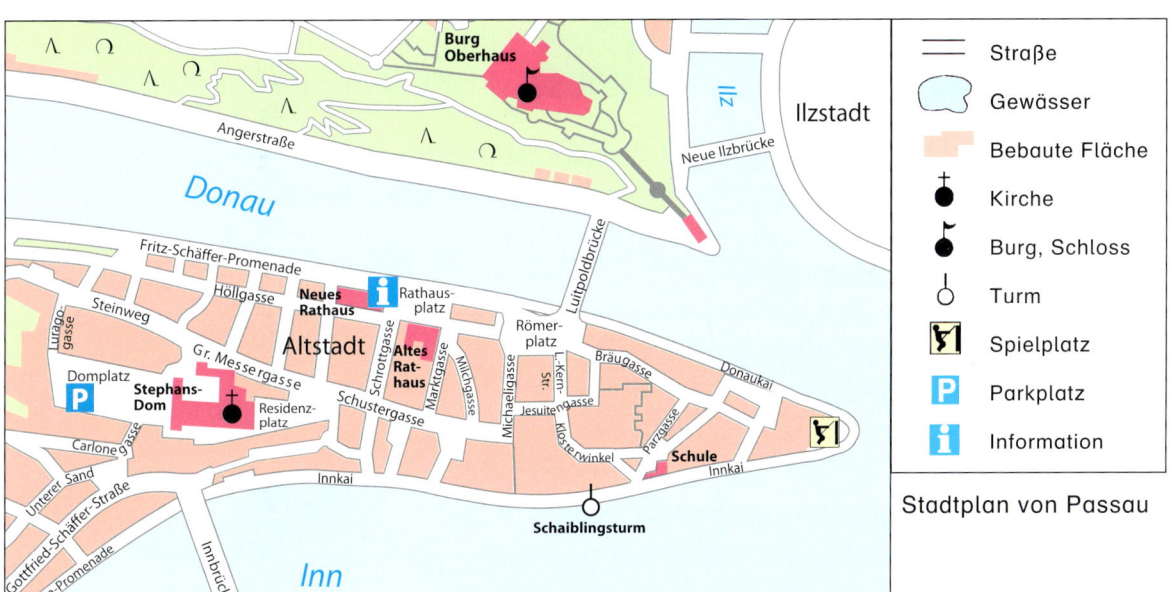

Stadtplan von Passau

Finde ich auf Postkarten die Post?

Die Kinder wollen ihren Gästen auf ihrer Entdeckungstour eine Karte zur Orientierung mitgeben. Sollen sie sich für die Postkarte, für das Satellitenfoto oder den Stadtplan entscheiden? Begründet.

Sucht noch andere Wege: vom Alten Rathaus zum Dom oder vom Spielplatz zum Oberhaus. Auf welcher Darstellung ist der Weg am leichtesten zu finden?

Macht eine Entdeckungstour in eurem Ort. Besorgt Postkarten, Luftbild- oder Satellitenaufnahmen und Stadtpläne. Vergleicht sie. Wofür sind sie nützlich?

Wirklichkeit   Karte   Plan   **145**

Im Osten geht die Sonne auf

Um Wege beschreiben zu können, brauchen wir Richtungen. Dabei ist eine gemeinsame Ausgangsrichtung sehr wichtig.

Die Sonne hilft uns dabei. Sie war schon immer ein Orientierungsmittel für die Menschen.

Noch drei Meilen geradeaus, dann ein wenig rechts, dann müssten wir die Schatzinsel sehen können.

Nein, in Richtung Schatzinsel müssen wir uns doch viel mehr links halten!

Die Himmelsrichtungen beschreiben die Richtungen nach dem Lauf der Sonne. Morgens sehen wir die Sonne im Osten (O), mittags im Süden (S) und abends im Westen (W).
Im Norden (N) sehen wir die Sonne nie.

Wenn der Himmel bedeckt ist und die Sonne nicht scheint, kannst du die Himmelsrichtungen mit einem Kompass bestimmen.

So funktioniert der Kompass:
Auf dem Kompass sind die Himmelsrichtungen eingezeichnet. Dazwischen liegen die Nebenhimmelsrichtungen: Südosten (SO) und Südwesten (SW) sowie Nordosten (NO) und Nordwesten (NW). Meistens sind die Himmelsrichtungen auf Englisch angegeben: North, South, West, East. Die Kompassnadel ist magnetisch und kann sich leicht drehen. Ihre farbig markierte Spitze zeigt immer nach Norden, weil sie vom Magnetfeld des Nordpols angezogen wird.

So kannst du die Himmelsrichtungen bestimmen:
1. Halte den Kompass ruhig in der Hand und warte, bis die Kompassnadel still steht.
2. Drehe das Gehäuse nun vorsichtig, bis das N (Norden) genau unter der farbigen Spitze steht.
3. Jetzt kannst du alle Haupt- und Nebenhimmelsrichtungen ablesen.

Wusstest du, dass bei den meisten alten Kirchen der Altarraum nach Osten zeigt und die Türme im Westen stehen?

Im Osten geht die Sonne auf. Im Süden nimmt sie ihren Lauf.
Im Westen wird sie untergehn. Im Norden ist sie nie zu sehn.

Stadtpläne, Straßenkarten und Wanderkarten helfen dir, dich zu orientieren.
Sie sind immer eingenordet. Das bedeutet: Sie sind so gezeichnet,
dass Norden oben auf der Karte und Süden unten ist.

NW   N   NO

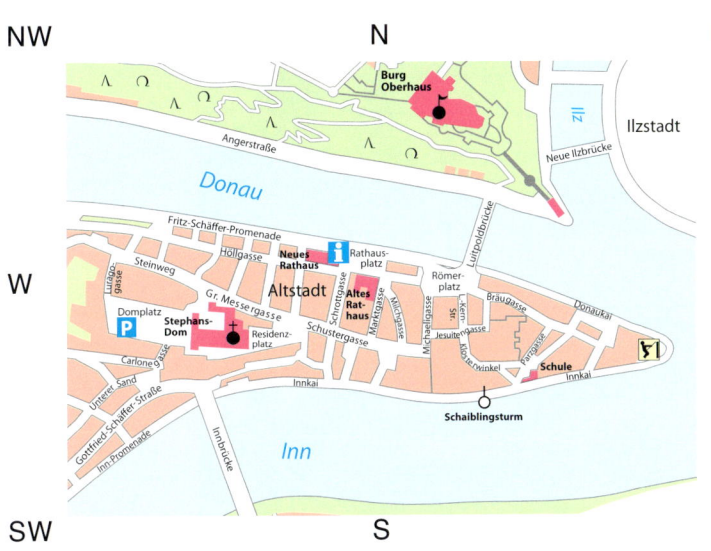

W   O

SW   S   SO

Wegerätsel

Starte am Domplatz. Gehe in Richtung Norden bis zum Fluss. Wende dich nach Osten und folge dem Fluss so lange, bis es nicht mehr weiter nach Osten geht. Wo kommst du an?

Wegerätsel

Du startest am Rathausplatz und willst zum Schaiblingsturm. In welche Himmelsrichtungen gehst du?

Denke dir auch ein Wegerätsel aus.

Wenn du irgendwo stehst, wo du dich nicht auskennst und mit einem Stadtplan losgehen möchtest, wie findest du dann die richtige Richtung?

Tipp:
Suche Straßenschilder, am besten an einer Kreuzung. Dreh den Stadtplan so, dass von deinem Standort aus die Straßen richtig zu sehen sind. An der nächsten Straßenecke kannst du kontrollieren, ob du richtig gegangen bist.

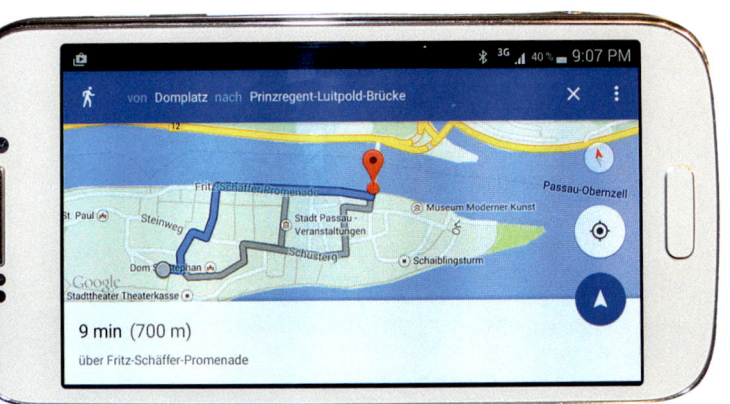

Auch mit einem elektronischen Navigationsgerät findest du Wege und Straßen. Du kannst sie vergrößern und drehen. Ein kleiner roter Pfeil zeigt dir, wo Norden ist.

Bei einem elektronischen Navigationsgerät musst du Startpunkt und Ziel eingeben. Es zeigt dir sogar mehrere mögliche Wege. Beschreibe sie. Welche Informationen findest du noch?

Nordosten   Nordwesten   Südosten
Südwesten   Nebenhimmelsrichtungen

Einen Ausflug planen

Landkarten sind verkleinerte und vereinfachte Abbilder der Erdoberfläche. Du kannst Karten gedruckt und gefaltet kaufen oder im Internet finden. Es gibt viele verschiedene Karten. Sie geben unterschiedliche Informationen. Geländekarten zeigen, wie die Erdoberfläche aussieht. Sie bilden Höhen und Täler, Land und Wasser sowie Orte und Städte ab.

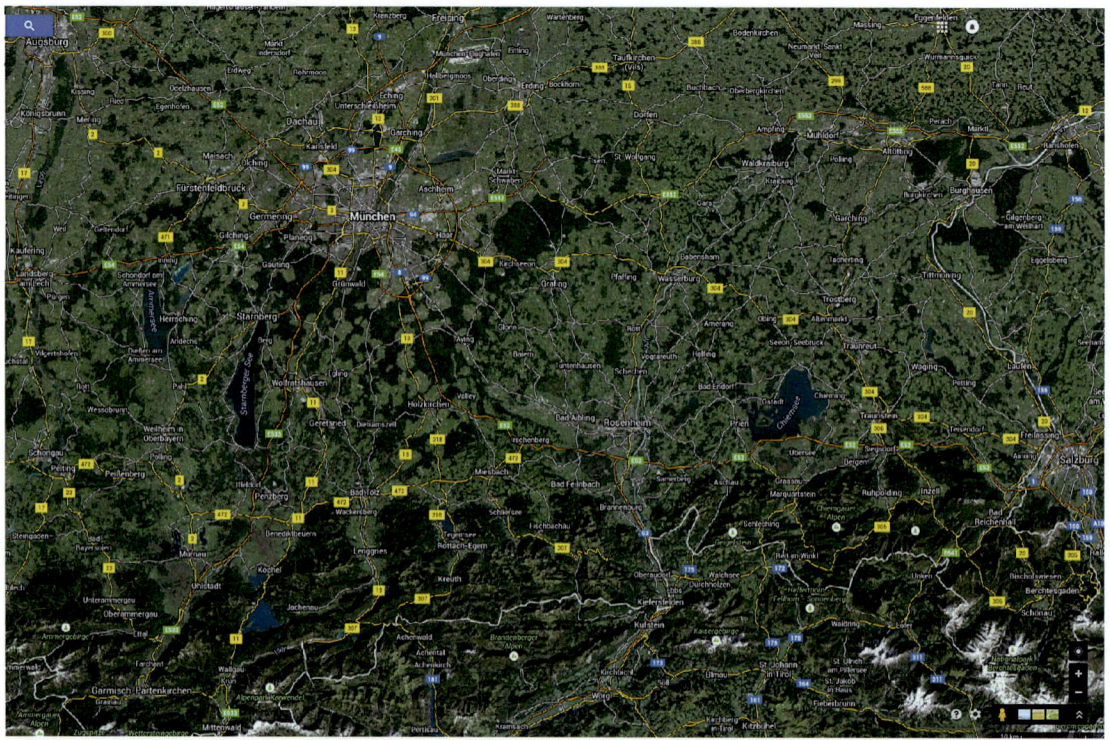

Geländekarte (topografische Karte) im Internet

Stadtplan   Straßenkarte   Geländekarte

Fahrradkarte   Wanderkarte

Thematische Karten zeigen Gebiete unter einem bestimmten Thema:
Straßenkarten zum Beispiel zeigen die verschiedenen Straßenverbindungen.
Auf Landwirtschaftskarten ist die landwirtschaftliche Nutzung einer Region
dargestellt.
Mit Hilfe der Kartenzeichen kann man die Karten lesen. Die Erklärung der
verwendeten Kartenzeichen nennt man **Legende**.

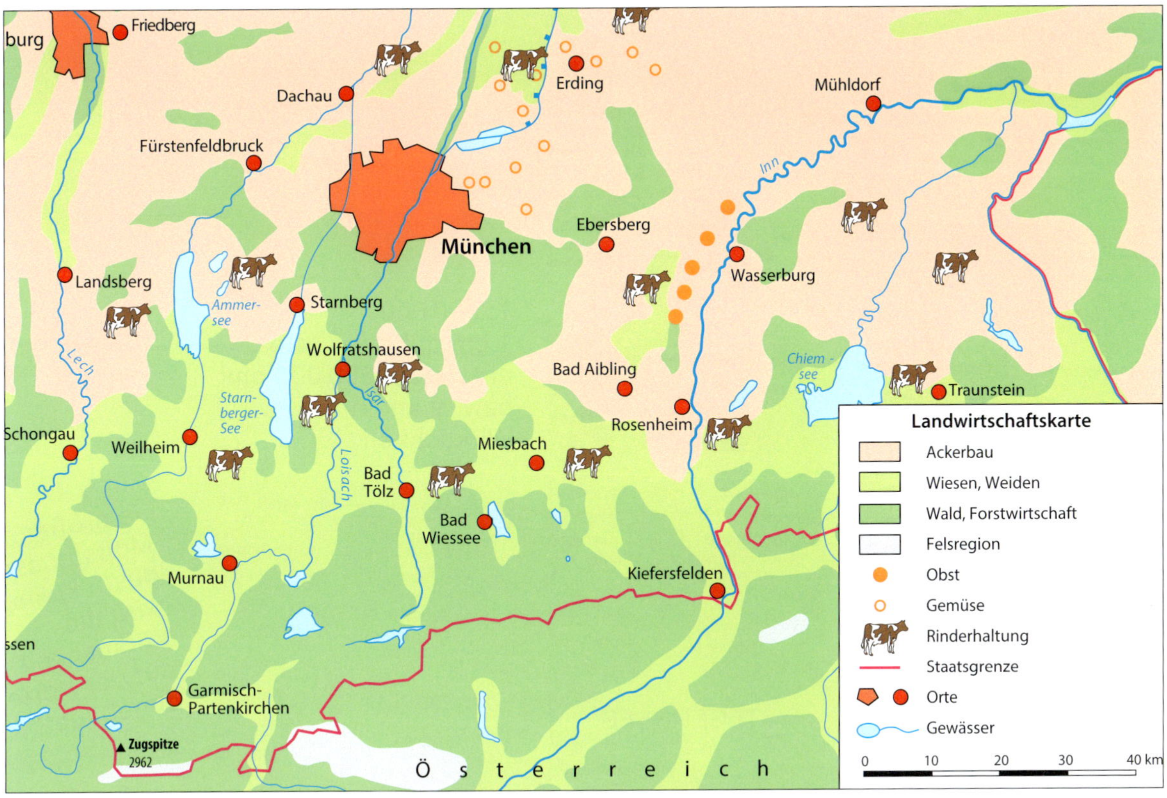

Landwirtschaftskarte

- Ackerbau
- Wiesen, Weiden
- Wald, Forstwirtschaft
- Felsregion
- Obst
- Gemüse
- Rinderhaltung
- Staatsgrenze
- Orte
- Gewässer

Straßenkarte

- Autobahn mit Anschlussstelle
- Bundesstraße
- Staatsstraße
- Bundesstraße mit LKW-Maut
- Staatsgrenze
- Tankstelle
- Raststätte
- Internationaler Flughafen

Welche Seen sind von München aus gut erreichbar?
Welche Seen liegen an einer Autobahn?
An welchen Seen gibt es sowohl Berge als auch Wiesen und Rinderhaltung?

Maßstab verstehen

Auf Karten ist die Wirklichkeit immer verkleinert dargestellt.
Der Maßstab gibt an, wie stark ein Gebiet auf der Karte verkleinert ist.

1 : 900 000
1 cm auf der Karte
entspricht 900 000 cm
bzw. 9 km in der
Wirklichkeit.

Je größer die Maßstabszahl, desto kleiner wird die Wirklichkeit auf der Karte abgebildet!

1 : 150 000
1 cm auf der Karte
entspricht 150 000 cm
bzw. 1,5 km in der
Wirklichkeit.

1 : 50 000
1 cm auf der Karte
entspricht 50 000 cm
oder umgerechnet 500 m
in der Wirklichkeit.

Suche auf allen Karten den Tegernsee. Vergleiche.
Zähle auf jeder Karte die eingezeichneten Orte. Was stellst du fest?
Bad Wiessee ist auf allen Karten eingezeichnet. Beschreibe.
Auf welcher Karte findest du den Semmelberg?

Höhenlinien begreifen

Wie kann man Berge auf einer Karte darstellen?

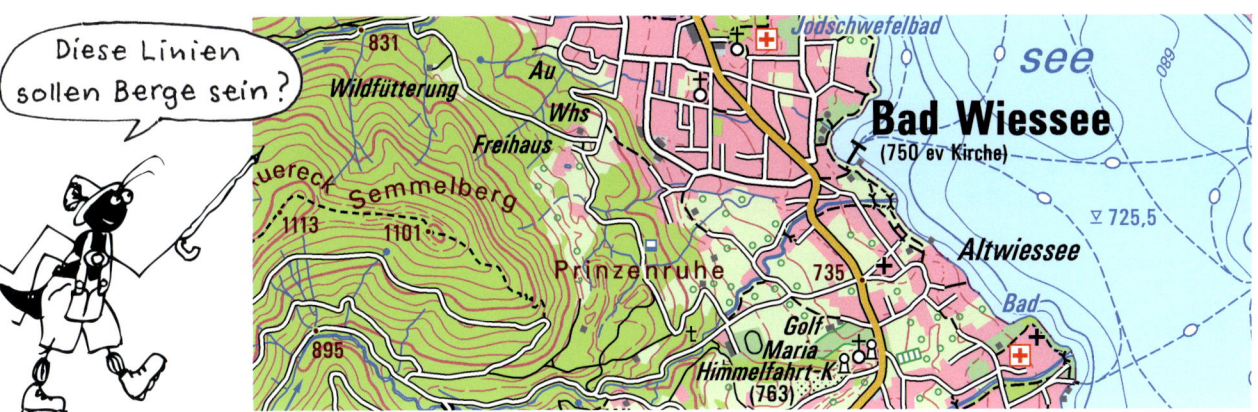

Diese Linien sollen Berge sein?

Dies ist ein Modellberg aus Styropor. So sieht er von der Seite aus (Seitenansicht).

So sieht er von oben aus (Draufsicht).

Auf dem Styroporberg werden in bestimmten gleichmäßigen Abständen Höhenpunkte abgemessen und eingezeichnet. An diesen Punkten wird der Berg dann waagrecht in Scheiben zerschnitten.

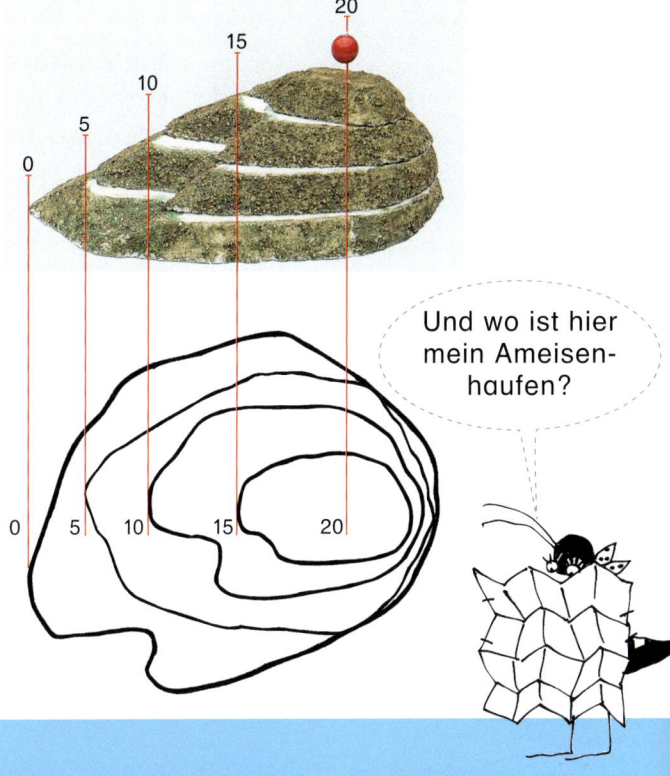

Und wo ist hier mein Ameisen-haufen?

Umfährt man auf dem Papier Scheibe für Scheibe des Modellbergs mit einem Stift, erhält man die Höhenlinien in der Draufsicht.

Entdeckst du
... den Gipfel?
... den Steilhang?
... den Flachhang?
Wo entdeckst du auf der Wanderkarte flachere und steilere Hänge?

Die Alpen sind das größte Gebirge Europas. Es erstreckt sich in einem 1 200 km langen Bogen über acht verschiedene Länder.

WelcheTeile der Alpen kennst du? Welche berühmten Berge sind dir bekannt? Ein Kinderatlas hilft dir weiter.

Bayern ist das einzige Bundesland, das einen Anteil an dieser einzigartigen Bergwelt hat. Auf den Wiesen, Weiden und Berghängen leben viele Wildtiere, die sich in diesem Lebensraum wohl fühlen. Es gibt auch viele Pflanzen, die nur hier wachsen.

Sammle Wissenswertes über die Alpen und ihre Tier- und Pflanzenwelt. Du kannst ein Portfolio anlegen.

Viele Menschen verbringen ihren Urlaub in den Alpen. Manche wollen entspannen und genießen beim Wandern die Schönheit und Ruhe der Natur. Andere wollen sportlich aktiv sein und haben Spaß daran, auf den schneebedeckten Hängen zu rodeln oder Ski zu fahren.

   Murmeltier   Edelweiß   Alpenrose   Steinbock

Warst du schon einmal in den Alpen? Was hast du dort mit deiner Familie unternommen? Gestaltet eine Fotowand.

Bei unseren Freizeitaktivitäten kommen wir mit den Lebensräumen der Tiere in Berührung. Um diese Lebensräume zu erhalten, muss jeder von uns rücksichtsvoll in der Natur unterwegs sein.

Wir bleiben auf den Wegen und markierten Routen.
Wer auf den ausgewiesenen Wegen bleibt, wird von den Wildtieren nicht als Gefahr empfunden.

Wir informieren uns über Fütterungsplätze.
Gerade im Winter ist es für die Tiere schwierig, Nahrung zu finden. Wir halten uns von diesen Plätzen fern und stören die Tiere nicht beim Fressen. Aufgescheuchte Tiere verhungern oder stillen ihren Hunger an den Trieben junger Bäume und schädigen den Bergwald.

DEIN FREI RAUM.

MEIN LEBENS RAUM.

Wir beachten aufgestellte Hinweisschilder und respektieren die Schutzgebiete.
Schutzgebiete sind Räume, in denen seltene und störanfällige Tiere wie Birkhühner in Ruhe leben können.

Schutzgebiet   Lebensraum   Rücksicht

Das Allgäu erleben und schützen

Das Allgäu gehört zu den beliebtesten Urlaubszielen in Deutschland. Touristen aus aller Welt wollen jedes Jahr die zahlreichen sportlichen Angebote in der wunderschönen Bergwelt nutzen, berühmte Schlösser und Burgen besuchen oder regionale Bräuche kennenlernen.

Almhütte mit Viehwirtschaft

Viehscheid

Sprungschanze Oberstdorf

Schloss Neuschwanstein

Alphorn-Bläser

Entscheide dich für ein Bild. Suche dazu Informationen im Internet oder in Reiseführern. Ihr könnt dann mit den Beiträgen eurer Mitschüler einen eigenen Reiseführer über das Allgäu erstellen. Ergänzt ihn mit weiteren Reisezielen aus dem Allgäu, die euch auch noch begeistert haben.

In den letzten Jahrzehnten hat der Tourismus das Allgäu verändert.
Diskutiert. Was bedeuten die Zahlen für die Menschen, die dort
leben und arbeiten?
Was bedeuten die Zahlen für die Umwelt?

Gästezahlen:

★ 3 Millionen Gäste pro Jahr mit 11 Millionen Übernachtungen

★ 1,3 Millionen Gäste reisen aus dem Ausland an.

Zahlen aus dem Sport:

★ 280 Skilifte, teilweise mit Flutlicht beleuchtet

★ 294 km präparierte Pisten

★ 1800 km gespurte Wege für Langlauf und Skiwandern

★ 30 Rodelbahnen

★ 6000 km Spazier- und Wanderwege

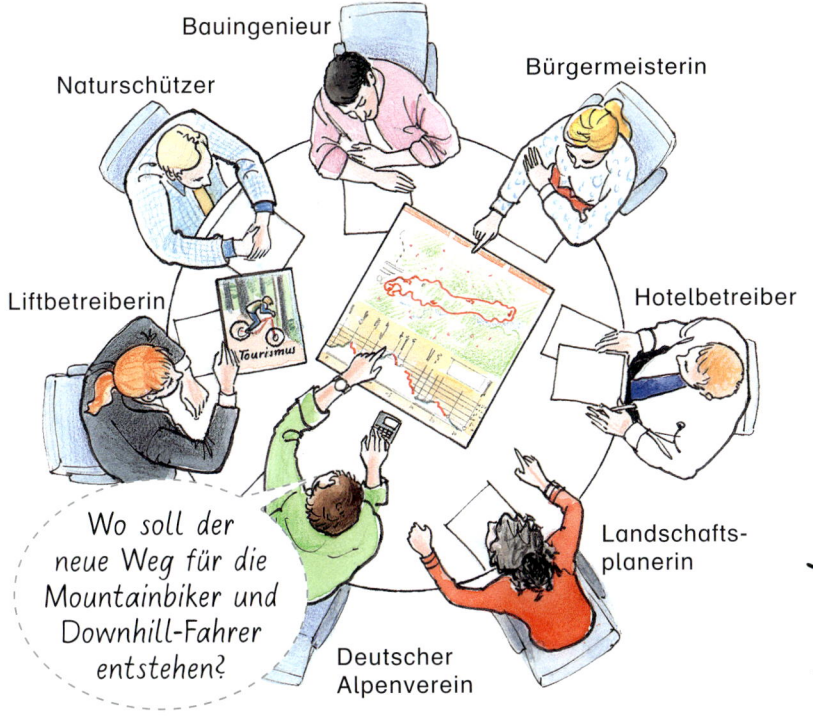

Bauingenieur

Naturschützer

Bürgermeisterin

Liftbetreiberin

Hotelbetreiber

Wo soll der neue Weg für die Mountainbiker und Downhill-Fahrer entstehen?

Deutscher Alpenverein

Landschafts-planerin

Heute treffen sich in allen Städten, die viele Touristen anziehen, Vertreter aus verschiedenen Bereichen am Runden Tisch. Dort bemühen sie sich, bei neuen Projekten Kompromisse zu finden.
Ziel ist es, die Auswirkungen des Tourismus auf die Umwelt möglichst gering zu halten.

Das Grüne Band

Fast vierzig Jahre lang, von 1949 bis 1989, teilte eine Grenze Deutschland in zwei Länder. Sie trennte Freunde und oft auch Familien durch Grenzzäune und eine Mauer. Nur mit einer besonderen Reiseerlaubnis konnten die Menschen sich gegenseitig besuchen.
Um in den anderen Teil Deutschlands zu gelangen, war die Grenze an wenigen Stellen offen.

Befrage deine Eltern oder Großeltern, was sie über die Teilung Deutschlands in Erinnerung haben.

Zwischen den Grenzen der beiden Länder lag ein 50 bis 200 m breiter Streifen Land. Das Land durfte niemand betreten und wurde nicht bewirtschaftet. Es wurde Niemandsland genannt. Die Natur konnte sich hier ungestört entwickeln.

So entstand ein wertvoller Lebensraum für seltene Tiere und Pflanzen.
Mehr als 1200 gefährdete Tiere und Pflanzen der „Roten Liste" fanden in Gewässern, Mooren, Wiesen, Wäldern und Heiden einen Rückzugsraum.

Naturschützer aus Bayern beobachteten viele Jahre lang mit ihren Ferngläsern diese Entwicklung im „Niemandsland". Im Jahre 1989 fiel die Mauer und Deutschland war wieder ein Land. Nun hatten die Naturschützer die Idee, diesen Lebensraum besonders zu schützen. Sie nannten den Streifen, der sich fast 1400 km durch Deutschland schlängelt, das Grüne Band.

Um diesen einzigartigen Lebensraum zu erhalten, arbeiten heute viele Experten und freiwillige Helfer bei der Pflege der Flächen zusammen. Sie kaufen neue Flächen dazu, damit auch die Umgebung des Grünen Bandes nicht von Industrieanlagen oder neuen Straßen zugebaut wird.

Viele Touristen wollen bei Wanderungen, Radtouren und Workshops die Natur erleben oder etwas über die Geschichte der deutschen Teilung erfahren. Dabei achten die Experten darauf, dass der Tourismus der Natur und der Umwelt möglichst wenig Schaden zufügt.

Informiert euch über den Verlauf des Grünen Bandes.
Steckt ihn auf einer Deutschlandkarte ab.

Wusstest du, dass nicht nur Häuser unter Denkmalschutz stehen, sondern auch Bäume, Höhlen, Schluchten, Seen, Moore oder Wasserfälle?

Recherchiert über Naturdenkmäler in Bayern.
Liegt ein Naturdenkmal in eurer Nähe?

Verkehr verändert das Leben

Vergleiche die Bilder und Texte.
Was hat sich verändert?

So könnte ein Kind aus dieser Zeit erzählen:

Passauer Ilzstadt um 1850

„Wenn wir im Winter in die Schule gehen, muss jeder ein Stück Holz für den Schulofen mitnehmen. Im Sommer gibt es überall viel zu tun. Wir Kinder haben dann keine Schule, wir helfen zu Hause mit. Wenn der Bauer mit seinem Handkarren kommt, holen wir bei ihm frische Milch und Kartoffeln. Mein Vater ist Berufsfischer und hat seine Zille[1] bei uns vor dem Haus. Am Sonntag und an Feiertagen arbeiten meine Eltern nicht. Da besuchen wir oft Verwandte, die etwas weiter weg wohnen. Wir gehen zu Fuß und freuen uns immer, wenn uns ein Fuhrwerk[2] ein Stück mitnimmt.“

1 flaches Holzboot
2 Wagen, der von Zugtieren gezogen wird

Ilzstadt, 1965

„Ich gehe mit meinen Freunden jeden Tag zu Fuß in die Schule. Auf dem Heimweg kaufen wir uns beim Bäcker immer einen Lutscher. Was wir täglich brauchen, das kauft meine Mutter beim Metzger, Fischer oder im Gemischtwarenladen um die Ecke. Mein Vater arbeitet in der Zahnradfabrik. Dort kann er mit dem Rad hinfahren. Am Wochenende besucht uns oft Onkel Herbert. Er hat ein Auto. Wir haben mit ihm schon einen Ausflug an den Chiemsee gemacht. Wenn wir genug Geld haben, kauft Papa auch ein Auto. Dann wollen wir ganz weit weg nach Italien ans Meer fahren.“

Ilzstadt heute

„In der Ilzstadt gibt es keine Schule und keine Geschäfte mehr. Ich fahre täglich mit dem Bus in die Schule. Mama meint, der Weg ist zu Fuß oder mit dem Rad zu gefährlich. Zum Einkaufen muss meine Mama mit dem Auto in einen Supermarkt fahren. Meistens erledigt sie das auf dem Rückweg von der Arbeit. Gut, dass wir zwei Autos haben, denn mit einem fährt Papa jeden Tag 50 Kilometer zu seiner Arbeitsstelle. In den Sommerferien fahren wir immer in Urlaub. Letztes Jahr durfte ich mit dem Zug Oma in Berlin besuchen. Dieses Jahr fliegen wir alle gemeinsam in die Türkei ans Meer. Ich freue mich schon darauf.“

Wie wird die Ilzstadt im Jahr 2200 aussehen?
Was werden Kinder erzählen?

Fahrzeuge werden technisch ständig weiterentwickelt.
Man kann immer schneller an entfernte Orte reisen oder
Dinge über weite Strecken transportieren.

Vergleicht Fahrzeuge. Legt eine Tabelle an.
Diskutiert über Vor- und Nachteile.

Fahrzeug:	Auto	Rad	Bus
Wie viele Personen kann es transportieren?	4 – 7 Personen	1 – 2 Personen	20 – 60 Personen
Ist es immer voll besetzt?	Nein. Oft nur eine Person		
Was braucht es, um fahren zu können?	Benzin Diesel Strom		
Wie schnell fährt es?	etwa 150 km/h		
Kann ich es jederzeit nutzen?	ja		
Kann ich Gepäck mitnehmen?			
Ist es umweltfreundlich?			

Ich gehe immer
zu Fuß!
Das hält mich fit.

Im Jahr 1900 wurden weltweit etwa 9.500 Automobile hergestellt,
im Jahr 2000 waren es ungefähr 58.000.000 (= 58 Millionen).
Immer mehr Fahrzeuge, immer mehr Verkehr – was sagst du dazu?

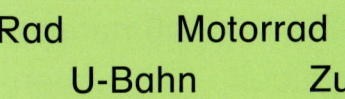

Rad   Motorrad   Auto   Bus   Flugzeug
U-Bahn   Zug   Lastkraftwagen   Raumschiff

159

Flinke Nadeln

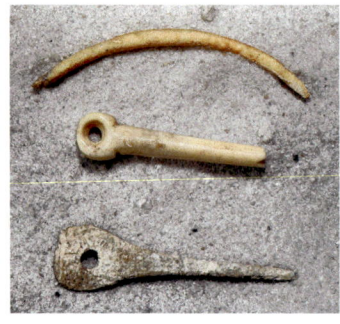

Funde von Nadeln gibt es schon aus der Steinzeit. Sie wurden aus Knochen gefertigt. Mit Knochennadeln konnte man Löcher in Felle stechen und die Felle mit Sehnen von Tieren zusammenhalten.
Manche Nadeln hatten auch schon ein Öhr, ein Loch für den Faden. Mit solchen Nadeln konnte man zum Beispiel Kleidung aus grobem Leinenstoff nähen.

Erst im 14. Jahrhundert gelang es, feinere Nadeln aus Metall herzustellen. Nun konnte man sehr edle Stoffe mit feinen Stichen zusammennähen und mit Stickereien und Perlen verzieren.

Der Beruf des Schneiders ist ein uraltes Handwerk. Bis zur Erfindung der Nähmaschine waren Nadel, Faden und Schere seine wichtigsten Werkzeuge. Sie schmücken noch heute das Wappen der Berufsgruppe der Schneider.

Ein Schneider und seine Gehilfen erledigten alle Arbeiten an einem Kleidungsstück selbst: Sie entwarfen das Kleidungsstück, nahmen Maß, schnitten den Stoff zu und nähten die Teile zusammen. Wenn das Kleidungsstück fertig war, wurde es noch einmal anprobiert. Nun konnten noch einzelne Nähte geändert werden, wenn es nicht passte. Einen Anzug oder ein Sonntagskleid zu nähen, dauerte mehrere Tage. Vom Schneider gefertigte Kleidungsstücke waren teuer und die meisten Menschen hatten nur einen Sonntagsanzug oder ein Sonntagskleid.

Schneider saßen häufig im Schneidersitz. So konnten sie die Stoffe über ihre Oberschenkel breiten und leichter bearbeiten.

Wusstest du, dass eine schnelle Näherin mit der Hand ungefähr 50 Stiche in der Minute schafft?

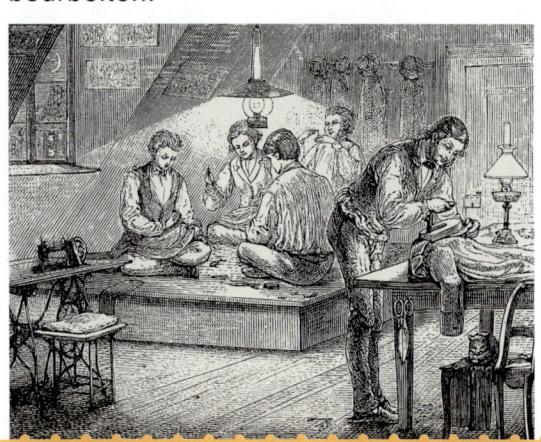

160

anfertigen   Maß nehmen
entwerfen   zuschneiden   nähen

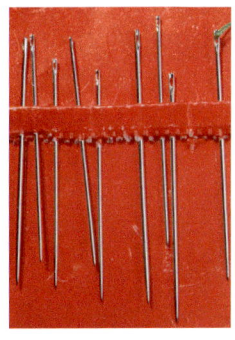

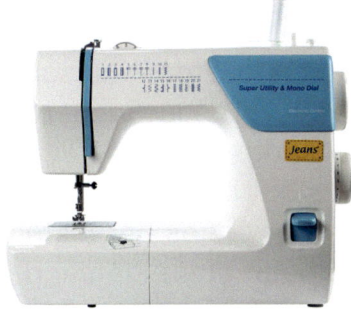

Heute gibt es viele verschiedene Nadeln zum Nähen von Hand und mit der Nähmaschine.

Im 19. Jh. wurden die ersten Nähmaschinen erfunden. Sie wurden mit Handkurbeln oder Pedalen angetrieben.

Moderne Nähmaschinen werden elektrisch betrieben und haben computergesteuerte Nähprogramme. Eine industrielle Nähmaschine kann bis zu 10 000 Stiche in der Minute machen.

Moderne Schneider arbeiten mit elektronischen Nähmaschinen und entwerfen oft auch Mode. Wenn du dir in einer Schneiderei zum Beispiel eine Jacke nähen lässt, kannst du dir den Stoff, die Knöpfe und die Form aussuchen. Der Schneider oder die Schneiderin nimmt Maß und passt die Jacke genau an die Körpermaße an. Maßgefertigte Kleidung ist teurer als Kleidung, die in großen Stückzahlen für Geschäfte angefertigt wird.

In großen Fabriken arbeiten meist Näherinnen. Maschinen schneiden die Stoffe zurecht. Die Näherinnen teilen sich die Arbeit für ein Kleidungsstück.
Jede Näherin erledigt den ganzen Tag lang immer wieder einen bestimmten Arbeitsschritt. Diese Arbeit beherrscht sie dann ganz schnell. Manche Näherin sieht das fertige Kleidungsstück gar nicht.
So können viele tausend gleiche Kleidungsstücke an einem Tag hergestellt werden.

Wie fertigte man früher Schuhe an? Wie werden sie heute hergestellt? Recherchiere.

Gut gekleidet?

Coole Klamotten will fast jeder. Die Geschäfte sind voll mit Kleidung in den neuesten modischen Trends.
So viele schöne Sachen! Und manche sind so billig!
Wie ist das möglich? Wo kommt das T-Shirt her?
Wer stellt es her?
Woraus wird es hergestellt?
Was heißt hier eigentlich „gut gekleidet"?
Denke nach und forsche.

Nimm drei!
Spar dabei!

Unschlagbarer Preis:
5.– Euro

Viel Arbeit für wenig Geld

In einigen asiatischen Ländern arbeiten sehr viele Menschen für sehr wenig Lohn in riesigen Textilfabriken. Manchmal müssen schon Kinder mitarbeiten und dürfen deshalb nicht zur Schule gehen. An einem Tag werden in einer Fabrik ungefähr 10 000 T-Shirts hergestellt.

Wusstest du schon,

dass du am Fairtrade-Siegel T-Shirts erkennen kannst, deren Baumwolle unter guten Arbeitsbedingungen angebaut und geerntet wurde. Manche Modefirmen achten darauf, dass ihre Kleider unter fairen Bedingungen hergestellt werden, dass die Arbeiterinnen und Arbeiter zum Beispiel einen gerechten Lohn erhalten. Das Fairtrade-Siegel gibt es auch für andere Produkte, zum Beispiel für Kaffee oder Tee.

Wir müssen mindestens 12 Stunden am Tag arbeiten.

Der Lohn ist sehr gering. Aber ich finde ohne Ausbildung sonst keine regelmäßige Arbeit.

FAIRTRADE

Textilfabrik   Lohn   Arbeit   Preis

Eine Weltreise

Auf dem Etikett der Kleidung kannst du lesen, wo das Kleidungsstück hergestellt wurde. Wenn ein T-Shirt bei uns im Geschäft hängt, hat es schon eine weite Reise hinter sich. Die Reise beginnt auf riesigen Baumwollplantagen und führt in verschiedene Länder, wo die Baumwolle verarbeitet und zu T-Shirts genäht wird. Beim Transport in Containerschiffen oder Flugzeugen wird viel Treibstoff verbraucht.

Made in India

100% Baumwolle

Tolle Idee:

Hast du schon mal daran gedacht, dass man Kleidungsstücke aufpeppen und auch reparieren kann?

Die Umwelt zahlt mit

Beim Anbau von Baumwolle wird sehr viel Wasser verbraucht. Allein für ein T-Shirt sind das bis zu 2700 Liter. Um möglichst viel Baumwolle ernten zu können, werden umweltschädliche Spritzmittel und viel Kunstdünger eingesetzt. So werden der Boden und das Grundwasser verschmutzt. Beim Anbau von Bio-Baumwolle werden keine giftigen Spritzmittel eingesetzt. Es wird auch weniger Wasser verbraucht.

Hast du ein Lieblingsstück?

Wenn es dir nicht mehr passt, kannst du es weitergeben. In einer Tauschbörse oder einem Second-Hand-Laden findet es einen neuen Besitzer, der sich darüber freut.

Alles öko?

Kleidung kann man nicht nur aus Baumwolle herstellen. Aus wieder aufbereiteten Plastikflaschen kann man warme Fleece-Jacken herstellen. Aber sie sind nicht nur warm, sie brennen auch sehr leicht. Im Gegensatz zu Baumwolle und anderen Naturstoffen verrotten sie nicht vollständig.

Schau mal in deinen Kleiderschrank:
Wie viele T-Shirts und Hosen hast du?
Wo kommen sie her?
Was machst du mit Kleidern, die dir nicht mehr passen oder die dir nicht mehr gefallen?

Kleine Kraft und große Wirkung – der Hebel

Menschen nutzen den Hebel, um ihre Kraft zu verstärken. Ein Hebel ist eine starre Stange, die auf einem Drehpunkt aufliegt.

Lastarm
Drehpunkt
Kraftarm

Probiere die Hebelwirkung aus. Was stellst du fest?

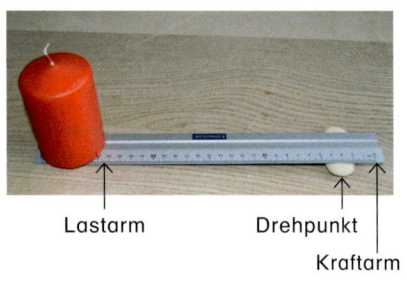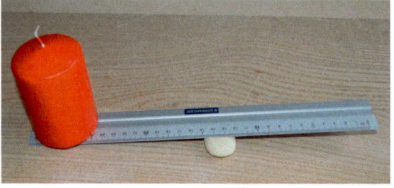

Lastarm
Drehpunkt
Kraftarm

Wusstest du, dass ein Schraubenschlüssel auch ein Hebel ist und deine Kraft verstärkt? Probiere aus.

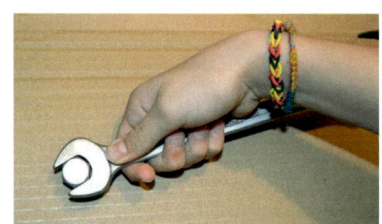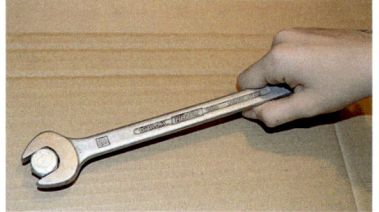

In vielen Alltagsgeräten nutzen wir die Hebelwirkung.
So wird unsere Arbeit erleichtert.
Kennst du diese Geräte? Entdeckst du, wie hier die Kraft verstärkt wird?

Ätsch!

Je länger der Kraftarm ist, umso weniger Kraft benötigt man, um eine Last zu bewegen.

Suche noch mehr Geräte mit Hebelwirkung.

Fliehkraft erleben und nutzen

Lege einen Tennisball in einen Eimer.
Hole Schwung und bringe den Eimer in eine Kreisbewegung.
Was passiert mit dem Ball?

Mutprobe:
Fülle etwas Wasser in den Eimer.
Gehe damit ins Freie.
Hole wieder Schwung und bringe den Eimer in eine Kreisbewegung.

Die Kraft, die den Ball oder das Wasser bei einer Kreisbewegung nach außen drückt, nennt man Fliehkraft. Bestimmt hast du die Fliehkraft schon einmal in anderen Situationen erlebt oder selbst gespürt. Überlege und erzähle.

Die Fliehkraft nutzen wir auch im Alltag.

Beim Schleudern dreht sich die Trommel der Waschmaschine sehr schnell. Dabei wird die nasse Wäsche nach außen gegen die Trommelwand gedrückt.
Die Wäsche bleibt hängen, das Wasser wird durch kleine Löcher in der Wand hinausgepresst.

Fliehkraft im Sport

Erkläre.

Fliehkraft als Gefahr

Das Zahnrad – eine tolle Erfindung

Zahnräder befinden sich in vielen Geräten und Maschinen:
Motoren, Bohrmaschinen, Skiliften, Seilbahnen, Rolltreppen, Uhren,
Handrasenmähern, Salatschleudern, Dosenöffnern usw.

Suche zu Hause nach Geräten, die mit Zahnrädern funktionieren.
Schreibe auf.

Zahnräder können Bewegungen in einem Gerät oder einer
Maschine übertragen.
Zwei oder mehrere Zahnräder, die ineinander greifen, nennt man
Zahnradgetriebe. Solche Getriebe werden benutzt, um Dreh-
bewegungen zu beschleunigen, um die Richtung einer Bewegung
zu verändern oder um Kräfte zu übertragen.

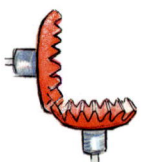
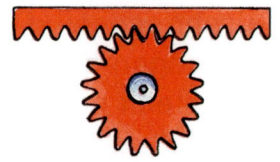

Baue selbst ein einfaches Zahnradgetriebe.

Du brauchst:
Kronkorken, Pinnwandnadeln, Hammer,
Nagel, dicke Pappe oder Holzbrett

So wird es gemacht:
Lass dir ein Loch in die Mitte jedes Kronkorkens
stechen. Baue dir wie auf dem Bild ein Zahnradgetriebe. Drehe an einem Kronkorken. In welche
Richtung dreht sich der andere?

Baue noch mehr Räder in dein Getriebe ein.
Beobachte die Drehrichtung.

Ohne Zahnräder war Radfahren früher sehr anstrengend.

Laufrad 1817 Hochrad 1870 Sicherheitsrad 1879 Fahrrad 2015

1817 entwickelte Karl von Drais ein zweirädriges Laufrad aus Holz. Um sich fortzubewegen, musste man sich ständig mit den Füßen am Boden abstoßen.

Zwei Franzosen bauten 1864 das so genannte Veloziped. Hier wurde das Vorderrad durch eine Tretkurbel angetrieben. Eine Kurbeldrehung entsprach einer Radumdrehung. Um mit einer Radumdrehung eine möglichst große Wegstrecke zurückzulegen, machte man die Vorderräder immer größer. Auf einem solchen Hochrad zu fahren war anstrengend und gefährlich.

1879 wurde das erste Rad mit Kettenantrieb gebaut. Mit Hilfe von Zahnrädern und einer Kette wurde das Hinterrad bewegt. Man nannte es auch Sicherheitsrad.

Heute fahren Räder nach wie vor mit Kettenantrieb. Sie haben jedoch mehrere verschieden große Zahnräder, die man mit der Gangschaltung benutzen kann. Dadurch ist es leichter, bergauf zu fahren. Außerdem kann man höhere Geschwindigkeiten erreichen.

Probiert eine Gangschaltung aus.

Ihr braucht:
Fahrrad mit Kettenschaltung, Handschuhe, Klebeband, Schere

So wird es gemacht:
Legt einen niedrigen Gang ein. Stellt das Rad wie im Bild auf. Einer hält das Rad fest, der andere dreht die Pedale so, dass sie senkrecht stehen. Markiert mit Klebeband eine Stelle am Hinterreifen. Dreht die Pedale einmal und zählt, wie oft sich das Hinterrad dreht. Was passiert, wenn ihr einen höheren Gang einlegt? Vermutet. Probiert aus.

Rollend unterwegs

3. Hinterrad-
bremse

1. hell tönende
Glocke

8. roter Großflächen-
rückstrahler

2. Vorderrad-
bremse

6. rote Schluss-
leuchte

7. roter
Rück-
strahler

4. Scheinwerfer

5. weißer
Frontstrahler

9. gelbe Speichen-
rückstrahler

10. gelbe Pedal-
rückstrahler

Überprüfe dein eigenes Rad. Sind alle Teile vorhanden?
Funktionieren alle Teile? Wo hat ein Roller Bremsen?
Wie kannst du mit Inlineskates oder mit dem Skateboard bremsen?

Welche Ausrüstung ist für deine Sicherheit
unbedingt notwendig, wenn du mit dem Rad fährst?
Wie schützt du dich als Rollerfahrer?
Was brauchst du, wenn du mit Inlineskates
oder Skateboard unterwegs bist?
Welche Kleidung empfiehlst du?

Ist mein Rad
verkehrssicher?

Hier darf ich fahren

Radweg

verkehrsberuhigter Bereich

getrennter Rad- und Fußweg

gemeinsamer Rad- und Fußweg

Fußgängerweg

Mit Roller, Inlinern oder Skateboard darfst du nur dort fahren, wo auch Fußgänger gehen. Du musst auf die Fußgänger Rücksicht nehmen.

Radfahrer, die jünger als neun Jahre sind, dürfen nicht auf der Straße fahren. Aber auch neun- und zehnjährige Radfahrer sollten noch auf dem Gehsteig fahren. Mit abgelegter Fahrradprüfung kannst du auf der Straße fahren.

Wo kannst du bei dir zu Hause Rad fahren?

Vorsicht!

Rücksicht!

Denk dran! In der Abenddämmerung bist du als Radfahrer schwer zu sehen. Du brauchst unbedingt eine vorschriftsmäßige **Beleuchtung** am Fahrrad. Mit **Reflektoren (Rückstrahler)** an der Kleidung und einem grell farbigen **Helm** kann man dich gut sehen.

Du weißt: Menschen mit Behinderungen haben es im Straßenverkehr schwerer als du. Biete ihnen deine **Hilfe** an.

O je! Die Radfahrerin hat ihre Badetasche verloren. **Halte an, rufe** sie und biete ihr deine **Hilfe** an.

Achtung! Kleine Kinder kennen keine Verkehrsregeln. Sie laufen oder fahren manchmal ohne nach links und rechts zu sehen auf die Straße. Fahre **langsam** und sei **bremsbereit**.

Vorsicht! Der Autofahrer könnte nicht darauf achten, dass du Vorfahrt hast. Sei **bremsbereit** und versuche, mit dem Autofahrer **Blickkontakt** herzustellen.

Richtiges Verhalten im Verkehr

Zum Vordermann hältst du drei Fahrradlängen Abstand. Vorausschauend fahren heißt, bremsbereit zu sein.

„Rechts vor links" gilt an allen Kreuzungen und Einmündungen, die ohne Vorfahrtsschilder, Ampeln oder Polizisten geregelt sind.

Am Zebrastreifen musst du auch als Radfahrer anhalten. Die Fußgänger haben Vorrang.

Als Fahrradfahrer fährst du möglichst weit rechts. Auch in Abbiegespuren musst du dich rechts einordnen.

Ordne zu.

Weitere Vorfahrtsregeln findest du auf den Seiten 178 und 179.

So verlässt du sicher ein Grundstück

So fährst du richtig an einem Hindernis vorbei

6 Mit beiden Händen am Lenker losfahren und Spur halten.

5 Handzeichen links geben.

4 Nach links hinten umsehen.

3 Fahrrad in Fahrtrichtung auf die rechte Fahrbahn stellen.

2 Fahrrad bis zum Fahrbahnrand schieben.

1 Rechts vom Rad stehen. Vor dem Verlassen des Grundstücks nach links und rechts schauen.

7 Wieder nach **rechts einordnen**.

6 **Handzeichen rechts** geben.

5 Mit **Sicherheitsabstand** von mindestens einem Meter vorbeifahren.

4 **Gegenverkehr beachten**. Du musst den Gegenverkehr vorbeilassen.

3 **Einordnen** und nochmals Schulterblick. Danach auf den Gegenverkehr achten.

2 **Handzeichen links** geben. Nachfolgende Fahrzeuge müssen wissen, was du vorhast.

1 Beim Heranfahren über die Schulter nach hinten links blicken (**Schulterblick**). Von hinten können schnellere Fahrzeuge kommen und überholen.

Wenn du nach links fahren willst, überquere zuerst vorsichtig die Straße. Danach beachte die Punkte 1–6.

Baue Verkehrssituationen nach und übe.

 # Linksabbieger aufgepasst!

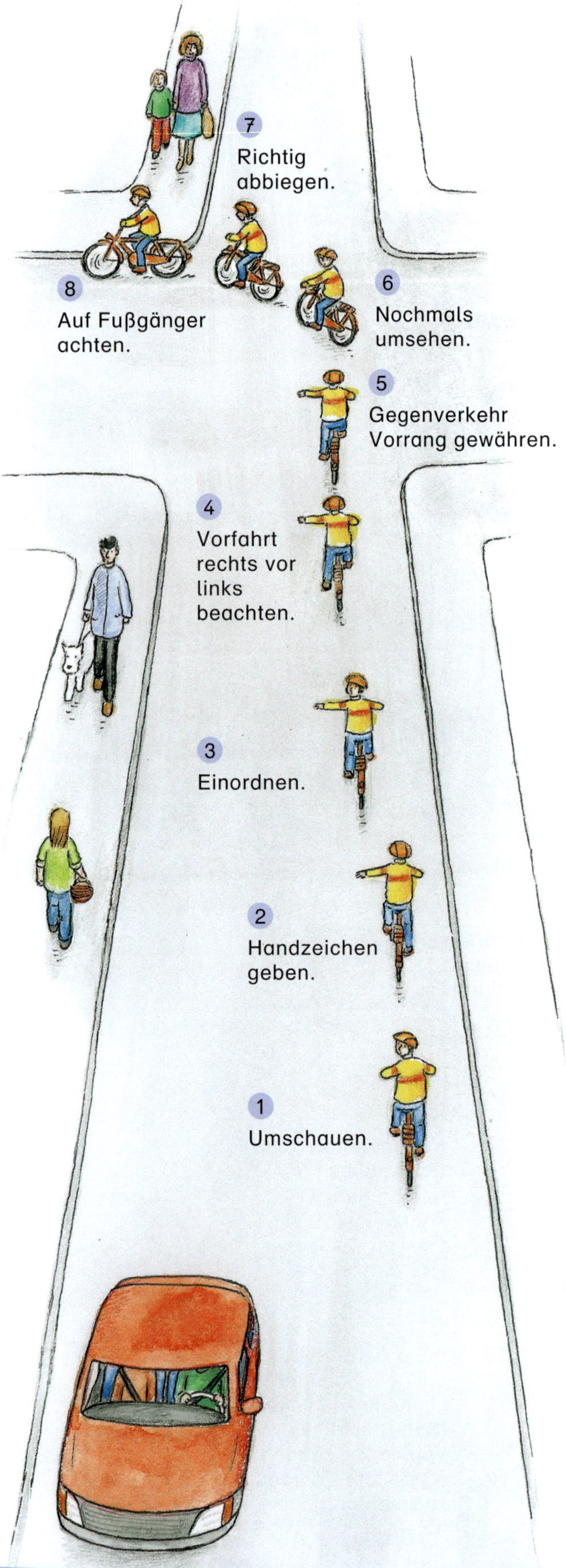

7 Richtig abbiegen.

8 Auf Fußgänger achten.

6 Nochmals umsehen.

5 Gegenverkehr Vorrang gewähren.

4 Vorfahrt rechts vor links beachten.

3 Einordnen.

2 Handzeichen geben.

1 Umschauen.

Aus dem Polizeibericht

München

Am gestrigen Vormittag ereignete sich ein folgenschwerer Unfall. Ein Kind hatte sich beim Linksabbiegen falsch eingeordnet und fuhr, ohne Handzeichen zu geben, nach links. Der dahinter kommende Autofahrer erfasste das Kind und schleuderte es etliche Meter über die Straße. Der Junge wurde mit lebensgefährlichen Verletzungen ins Krankenhaus eingeliefert.

?

Bei starkem Verkehr, schlechten Sichtverhältnissen oder wenn du beim Linksabbiegen noch nicht sicher bist, kannst du dich einfach in einen Fußgänger verwandeln.

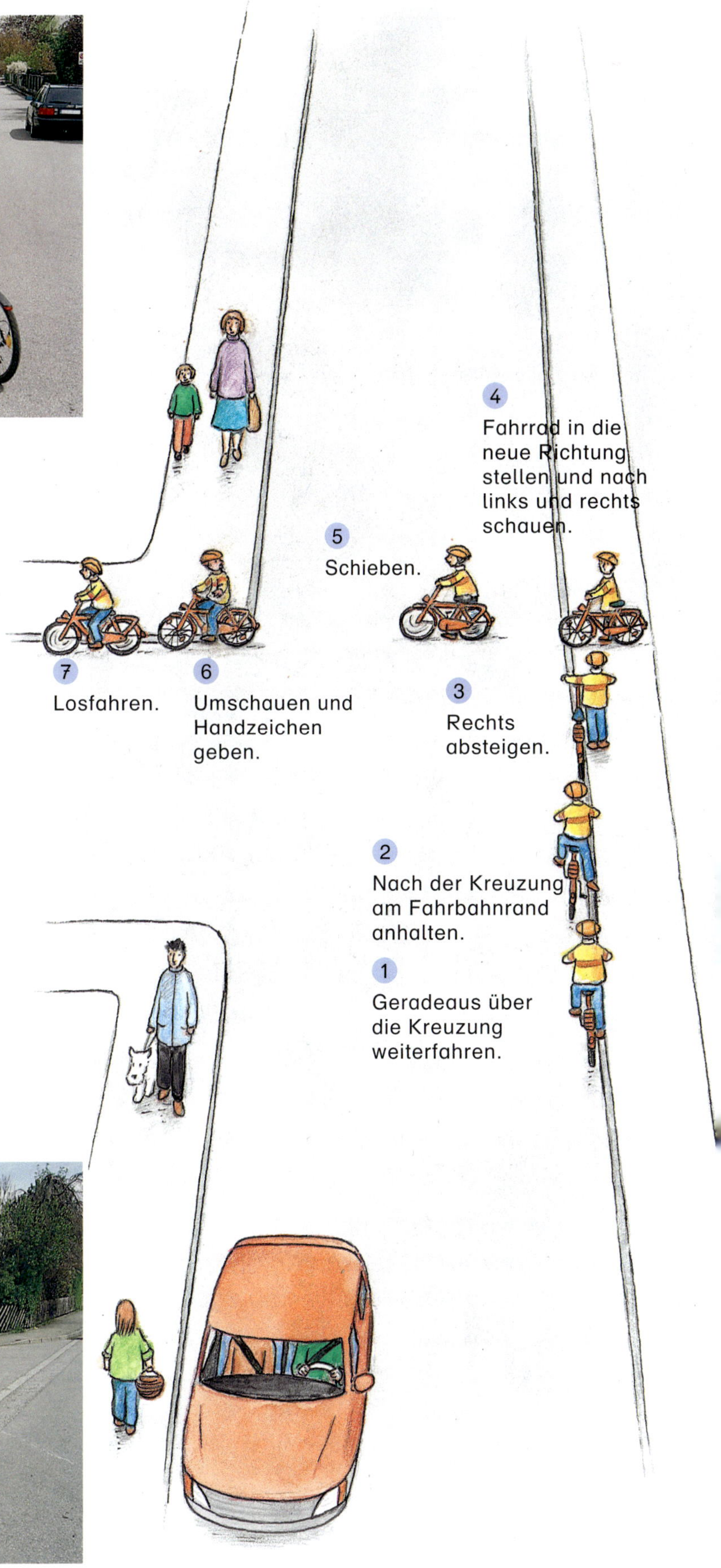

Betrachte die Fotos.
Was müssen die Kinder anders machen?

?

4 Fahrrad in die neue Richtung stellen und nach links und rechts schauen.

5 Schieben.

7 Losfahren.

6 Umschauen und Handzeichen geben.

3 Rechts absteigen.

2 Nach der Kreuzung am Fahrbahnrand anhalten.

1 Geradeaus über die Kreuzung weiterfahren.

175

Clara und Leo radeln vom Abenteuerspielplatz nach Hause.

Jonas hat ein neues Fahrrad bekommen. Er will es sofort ausprobieren.

Hanna möchte Mia schnell hinterherfahren. Der Lastwagenfahrer blinkt und will nach rechts abbiegen.

Max kommt vom Fußballtraining. Er will auf dem schnellsten Weg nach Hause und erzählen, dass er zwei Tore geschossen hat.

Gefahren vermeiden

Wenn ein Radweg da ist, muss ich ihn benutzen. Ich fahre möglichst weit **rechts**. Wir fahren **hintereinander**. Ich halte zum Vordermann genügend **Abstand** und bin bremsbereit.

Wenn ich losfahren will, **schiebe** ich bis zum Gehweg oder Radweg. Dort stelle ich mein Rad in Fahrtrichtung auf, **achte auf** andere **Verkehrsteilnehmer** und fahre los.

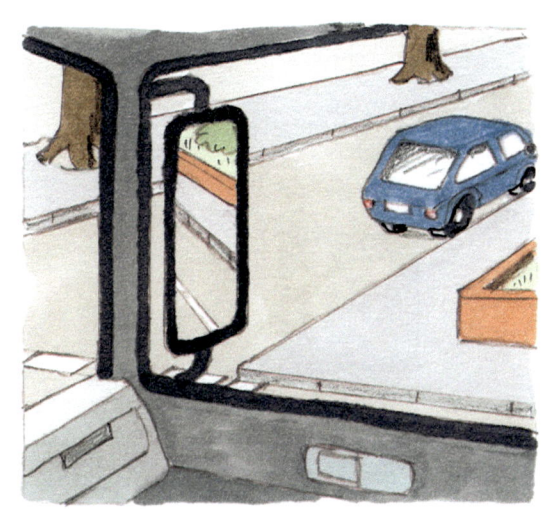

Ich werde von dem Lastwagenfahrer **nicht gesehen**, auch wenn er aus dem Seitenfenster schaut. Ich bin im **toten Winkel**. Ich versuche, **Blickkontakt** herzustellen und bleibe notfalls hinter dem LKW.

Ich fahre, auch wenn ich in Eile bin so, dass ich jederzeit bremsen kann. **Vor Hindernissen** bleibe ich **stehen** und **schiebe** das Rad daran vorbei, ohne jemanden zu behindern.

Lass dir von einem Auto- oder Busfahrer den toten Winkel zeigen.

 # Wer regelt den Verkehr?

Wie konnte das passieren?

Vorfahrtsstraße

Ende der
Vorfahrtsstraße

Halt!
Vorfahrt
gewähren!

Vorrang vor
dem Gegen-
verkehr

Dem Gegen-
verkehr Vorrang
gewähren!

Vorfahrt an
der nächsten
Kreuzung oder
Einmündung

Vorfahrt
gewähren!

Gestaltet ein Verkehrszeichen-
plakat für eure Klasse.

Wer hat Vorfahrt?
Zeichnet eine Kreuzung
oder Einmündung und spielt
Verkehrssituationen nach.

Halt!

Fertigmachen
zum Losfahren!

Losfahren!

Kreuzung räumen.
Gleich kommt Rot!

„Siehst du Bauch und Rücken,
musst du auf die Bremse drücken.

Siehst du seine Hosennaht,
hast du freie Fahrt."

Die Einbahnstraße

Erkläre die Verkehrsschilder.
Wie musst du dich verhalten?

Mit Blaulicht und
Martinshorn habe ich
immer „freie Bahn".

Was gilt?

1. Polizist

2. Ampel

3. Verkehrsschilder

4. rechts vor links

Der grüne Rechtsabbiegerpfeil

Hier darfst du rechts abbiegen,
auch wenn die Ampel rot zeigt.
Beachte:
– Bleibe an der Haltelinie stehen.
– Achte auf Fahrzeuge und Fußgänger.
– Fahre erst los, wenn alles frei ist.

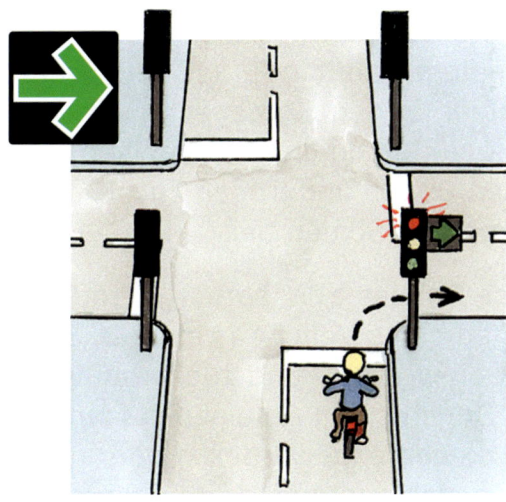

Der Kreisverkehr

Wer darf hier zuerst fahren?
Schau das Schild an und erkläre.

Wir sind ganz schön wichtig für die Natur!

Insekten

Ameisen sind Insekten. Wie alle anderen Insekten (Fliegen, Bienen, Schmetterlinge, Ohrwürmer, Heuschrecken, ...) haben sie einen **dreigeteilten Körper**: Kopf, Brust und Hinterleib. Die **sechs Beine** befinden sich am mittleren Körperteil.

Alle Ameisen leben in Gemeinschaften und bilden Staaten. In Mitteleuropa kommen etwa 130 Arten vor. Die Zahl der weltweit vorkommenden Arten wird auf etwa 15 000 geschätzt.

Ökosystem

Die Roten Waldameisen sind sehr wichtig für das Ökosystem Wald.
In der Lebensgemeinschaft Wald fressen die Ameisen viele Waldschädlinge, zum Beispiel den Borkenkäfer.
Sie sind selbst Nahrung für größere Tiere, zum Beispiel für den Grünspecht.
Ameisen belüften durch ihre Ameisenbauten den Boden und tragen zur Verbreitung von Samen bei.

Nahrungskette:
Borkenkäfer → Ameise → Grünspecht

Diese Ameise transportiert gerade den Samen eines Veilchens in ihren Bau. Dort dient ein öl- und zuckerhaltiger Teil des Samens den Ameisen als Nahrung. Die Samenreste werden wieder aus dem Bau geschleppt und dort liegen gelassen. So tragen die Ameisen zur Verbreitung von Blumen und Kräutern bei. Sie sind also wichtig für die Artenvielfalt der Krautschicht unseres Waldes.

Nahrung

Ameisen sind Allesfresser. Hauptsächlich ernähren sie sich von Honigtau, den sie von Blattläusen erhalten. Außerdem fressen sie Insekten, Pilze, Baumsäfte, Samen und Aas (tote Tiere).
Man nennt Ameisen auch die „Polizei des Waldes".
Überlege und erkläre, warum.

Feinde

Ameisen haben auch Feinde: Spechte plündern die Ameisenbauten. Grauspecht und Grünspecht holen mit ihren klebrigen Zungen die Puppen der Ameisen aus dem Bau.

Der Mensch baut in den Wäldern immer mehr Wege. Riesengroße Maschinen bewegen sich durch den Wald und fällen Bäume. Dabei werden Ameisen und ihre Bauten stark gefährdet.

Giftstoffe aus Land- und Forstwirtschaft sind eine große Gefahr für alle Waldtiere.

Bau

Rote Waldameisen bauen ihre Nester aus vielen kleinen Zweigen und Millionen von Baumnadeln. Einen Ameisenbau findest du meist an einer windgeschützten, sonnigen Stelle.

Die hügelbauende Waldameise gehört in Deutschland zu den **besonders geschützten** Tierarten.

Ein Riese warf einen Stein. Gänge und viele Zimmer stürzten ein. Hunderte brachen ein Bein. Zwei Dutzend brachen das Genick. Andere hatten Glück. Der Stein hatte wie eine Bombe eingeschlagen. Zusammengebrochen ist das Werk vieler Wochen. Doch schon rennen Tausende herbei. Tote werden weggetragen. Man zieht, man zerrt, schleppt Trümmer, baut neu: neue Gänge, neue Zimmer. Doch im Getümmel hört man da und dort einen sagen: Solch ein Lümmel! Wer war der Verbrecher? Wer? Ein Junge. Was dachte sich der? Nicht viel. Er warf nur zum Spiel den Stein in den Ameisenhaufen! Josef Guggenmos

Register

Dies ist eine Liste von wichtigen Nomen.
Die Zahlen daneben sagen dir, auf welchen Buchseiten
du mehr über diese Wörter erfährst.

Bildquellenverzeichnis

Cover: Shutterstock / © niderlander. **8.1:** Bayerisches Staatsministerium des Innern, für Bau und Verkehr. **8.2:** Bezirk Oberbayern. **8.3:** Bezirk Schwaben. **8.4:** Bezirk Niederbayern. **8.5:** Bezirk Oberfranken. **8.6:** Bezirk Oberpfalz. **8.7:** Bezirk Unterfranken. **8.8:** Bezirk Mittelfranken. **9 o.r.:** Shutterstock / © Wlad74. **12/13 Karneval, Osterbrot, Mittsommerfest, Ritterturnier, Oktoberfest, Halloween:** alle Mauritius images: Alamy. Alamy. Alamy. imageBROKER / Stephan Goerlich. Westend61. Stockbroker. **12 Sternsinger:** Imago. **12 Väterchen Frost:** picture-alliance / ZB. **12 Osterstrauch:** Fotolia / © jörn buchheim. **12 Koningsdag:** Corbis / © Jason Langley. **12 Fahnen in Karpfenform:** picture-alliance / dpa. **13 Mariä Himmelfahrt:** Imago/Südtirolfoto. **13 Thanksgiving:** Corbis / Ocean / © Lisa Peardon. **13 St. Martin:** F1 online. **13 Weihnachtsbaum:** picture-alliance / ZB. **13 Chanukka:** Fotolia / © Kablonk Micro. **16.1:** Corbis / Demotix / © Mamunur Rashid. **16.2:** Interfoto / ImageBROKER / Olaf Krüger. **16.3:** Corbis / Blend / LWA / Dann Tardif. **16.4:** Imago / Sven Simon. **17.1–3:** alle Mauritius images: Alamy. Steve Vidler. Caia Image. **17.4:** Corbis / Reuters / Ahmad Masood. **18.1:** Monika Kollmaier, Passau. **18.2–19.2:** alle Fotolia: © Markus Mainka. © cienpiesnf. © VRD. © gradt. © draghicich. © mallivan. **19.3–5:** alle Shutterstock: © BEPictured. © jabiru. © CTR Photos. **19.6:** Fotolia / © paul_brighton. **20.1:** Süddeutsche-Zeitung-DIZ / picture-alliance / dpa / ap / Hadi Mizban. **20.2 + 21:** alle Fotolia: © pete pahham. © Omar Fotos. **24–26:** Willi Seidl, Wittislingen. **27:** Mauritius images / BSIP. **30/31 Doppelseite Wald, Rinde mit Buchdrucker, Federn, Fichtenzapfen:** Monika Kollmaier, Passau. **31 Spechtloch:** Mauritius images / Alamy / © Frank Hecker. **31 Miniermottenraupe:** Corbis / Visuals Unlimited / © Nigel Cattlin. **31 Eichelgallenwespen:** Imago / Harald Lange. **31 Hasenlosung, Vogelei:** alle Fotolia: © Martina Berg. © majo **31 Rotfuchsspur:** Mauritius images / ImageBROKER / FLPA / Ray Bird. **34.1–2:** alle Shutterstock: © S. Mercer. © Vaclav Volrab. **34.3 + 35.1:** alle Fotolia: © Wolfilser. © arolina66. **35.2–3:** alle Shutterstock: © Brykaylo Yuriy. © dinkaspell. **36.1,2,3,6:** Monika Kollmaier, Passau. **36.4–5:** alle Fotolia: © Inga Nielsen. © Serghei Velusceac. **37.1:** Monika Kollmaier, Passau. **37.2–4:** alle Fotolia: © karandaev. © von Lieres. © Richard Schramm. **37.5:** Monika Kollmaier, Passau. **37.6:** Mauritius images / Kerstin Layer. **37.7:** ClipDealer / Beate Türk. **37.8:** Fotolia / © Gerd Klinksiek. **38.1:** Monika Kollmaier, Passau. **38.2:** Imago / blickwinkel. **38.3–4:** alle Fotolia: © Michael Tieck. © Igos. **38.5:** picture-alliance / blickwinkel / F. **39:** Monika Kollmaier, Passau. **40.1:** Fotolia / © sergeevspb. **40.2–3:** alle Mauritius images: Robert Harding. Kurt Madersbacher. **40.4:** Topic Media / imagebroker.net. **41.1:** Fotolia / © Andrea Izzotti. **41.2:** Mauritius images / Alamy. **42 Wolfsspur:** Shutterstock / © Rashad Ashurov. **42 Wolfsrudel + 43 Hundespur:** alle Fotolia: © XK. © ratkom. **43.2:** Shutterstock / © Micimakin. **43.3:** Shutterstock / © sergioboccardo. **43 u.v.l.n.r.:** alle Fotolia: © Birgit Reitz-Hofmann. © Nikolay Pozdeyev. © Nikolay Pozdeyev. © Nikolay Pozdeyev. © Yvonne Bogdanski. © Nikolay Pozdeyev. **44.1:** Monika Gebhard-Dallmeyer, München. **45.1:** www.m-w-i.de. **46.1:** Interfoto / Karl Heinz Schmidt. **46.2:** Interfoto / Sammlung Rauch. **47.1:** Interfoto / Sammlung Rauch. **47.2:** Fotolia / © davis. **48.1:** Hauptamt Augsburg. **48.2:** Fotolia / © von Lieres. **48.3:** Jan Frommel, München. **49.1:** Fotolia / © Klaus Rose. **49.2:** Mauritius images / imageBROKER / Martin Siebmann. **49.3:** picture-alliance / ZB / euroluftbild / Gerhard Launer. **50.1:** © Kunstsammlungen und Museen Augsburg, Fotografin: Yvonne Reichel M.A. **50.2+3:** Jan Frommel, München. **50.4:** Shutterstock / © anweber. **51.1+2:** © Stadt Augsburg, Kunstsammlungen und Museen. **51.3:** akg-images / Jost Schilgen. **52.1:** Mauritius images / Westend61. **52.2–4:** © Kaltenberger Ritterturnier 2015. **53.1:** Frank Elseberg, Witzighausen. **53.2–4:** © Kaltenberger Ritterturnier 2015. **54.1–4/55.1:** Boie, Kirsten: Der kleine Ritter Trenk. Illustrationen von Barbara Scholz, © Verlag Friedrich Oetinger, Hamburg 2006. **55.2:** picture-alliance / dpa. **60.1–2:** alle Fotolia: © Comugnero Silvana. © Dron. **61 + 62.1–3 + 63.1:** alle Mauritius images: Alamy. imageBROKER / Walter G. Allgöwer. Cultura. Photonenstop. Wavebreakmedia. **63.2:** F1 online. **63.3:** Mauritius images / Wavebreakmedia. **64.1:** Sylvia Graupner, Annaberg. **64.2:** Helge Glatzel-Poch, Bad Tölz. **66–69:** © Bayerisches Jugendrotkreuz, Handbuch: Juniorhelfer, München; Illustration: Kurt Italiaander. **70.1:** Fotolia / © Gerisch. **70.2:** akg-images / Erich Lessing. **70.3:** Fotolia / © roberto scaroni. **71.1:** Your photo today. A1 pix – superbild / PM. **71.2–5 + 72.1:** alle Fotolia: © kameraauge. © Jörg Stumpf. © Jörg Stumpf. © Joanna Zielinska. © Günter Menzel. **72.2:** Willi Seidl, Wittislingen. **72.3:** Shutterstock / © Galen D. **73.1–4:** Willi Seidl, Wittislingen. **74.1–2:** alle Fotolia: © vector_master. © vector_maker. **75/76:** Willi Seidl, Wittislingen. **77.1–4:** Blindeninstitutsstiftung. **77.5–9:** Aktivwelt GmbH (www.sehhelfer.de). **78–81:** Internet-ABC e.V., Stiftung Datenschutz, Jörg Hartmann. **82.1:** Fotolia / © contrastwerkstatt. **84/85:** Jan Frommel, München. **86.1–2:** alle Mauritius images: Manfred Rutz. images / imageBROKER / Thomas Frey. **86.3:** Alamy Images / © Hero Images Inc. **86.4:** Alamy Images / © Andrew Fox. **87.1:** Fotolia / © williem. **87.2:** Mauritius images / Cultura. **88.1,3,4:** alle Fotolia: © st-fotograf. © Markus Mainka. © sasel77. **88.2:** Foto: GMF. **88.5–7:** alle Shutterstock: © Sinelyov. © Masalski Maksim. © Elena Schweitzer. **88.8–10:** alle Fotolia: © volkerladwig. © davidetrolli. © photocrew. **88.11:** Corbis / Science Photo Library. **89.1:** Ulrike Egger, Lauingen. **89.2–5:** alle Fotolia: © countrypixel. © Christian Pedant. © oticki. **89.5:** © Xavier Beguet. **90.1:** Willi Seidl, Wittislingen. **90.2:** picture-alliance / dpa. **90.3–91.5 + 91.7:** Foto: GMF. **91.6:** © Verband Deutscher Mühlen e.V. **92:** Shutterstock / © Olga Miltsova. **93 o.v.l.n.r.:** alle Fotolia: © Carola Schubbel. © akf. © K.-U. Häßler. © PANORAMA. © K.-U. Häßler. **94.1:** Mauritius images / Alamy. **94.2:** Beate Milerski, Eberdingen. **95.1–2:** alle Shutterstock: © Svitlana-ua. © Mikael Miro. **95.3–4:** alle Fotolia: © VRD. © Torbz. **95.5–8:** Ute Busche, München. **96.1:** Mauritius images / Heiner Heine. **96.2:** Mauritius images / imageBroker / Markus Keller. **96.3:** Monika Kollmaier, Passau. **96.4:** © Bayerischer Bauernverband. **97.1:** Mauritius images / imageBROKER / Jochen Tack. **97.2:** aus: Grundschule Sachunterricht Heft Nr. 24: Obst und Gemüse © 2004 Friedrich Verlag GmbH / Claudia Below. **97.3:** © TransFair e.V. **98.1–2 + 99.1:** Johann Jilka, Altenstadt. **99.2:** Fotolia / © Bertold Werkmann. **100 Feuerwehrmannschaft:** Imago / Jochen Tack. **100 u.r.:** Versandhaus Deutscher Feuerwehrverband GmbH. **100/101:** Fotos Berufsfeuerwehr München. **104.1:** Shutterstock / © Anna Omelchenko. **104.2 + 3:** Willi Seidl, Wittislingen. **105.1:** Alamy Images / © Juice Images. **105.2–106.2:** Willi Seidl, Wittislingen. **107.1:** Fotolia / © Minerva Studio. **107.2:** Shutterstock / © Nadezhda1906. **107.3:** Imago. **107.4:** Fotolia / © T. Michel. **108.1:** Shutterstock / © ArnoldW. **108.2:** Fotolia / © Peter Maszlen. **108.3:** Your photo today. A1 pix – superbild. **108.4:** Mauritius images / imageBROKER / Mario Hösel. **108.5 + 109.6:** Brigitte Hoffmann, Pixi Wissen Bd. 71: Energie und Strom, Illustrationen von Sebastian Coenen © Carlsen Verlag GmbH, Hamburg 2012. **108.6 + 109.1–2:** alle Fotolia: © rotschwarzdesign. © fineart-collection. © hykoe. **109.3:** picture-alliance / blickwinkel. **109.4:** picture-alliance / dpa. **109.5:** F1 online. **110.1:** Your photo today . A1 pix – superbild / PM. **110.2–6 + 111.1–2:** Willi Seidl, Wittislingen. **111.3:** Fotolia / © davis. **111.4 + 112 Leuchten:** Brigitte Hoffmann, Pixi Wissen Bd. 71: Energie und Strom, Illustrationen von Sebastian Coenen © Carlsen Verlag GmbH, Hamburg 2012. **113.1:** Shutterstock / © kzww. **113.2:** Imago. **113.3–7:** alle Shutterstock: © imagedb.com. © urfin. © Coprid. © Vladru. © Nicku. **113.8:** Fotolia / © Jonas Glaubitz. **113.9:** Shutterstock / © Designua. **113.10:** Fotolia / © Thomas Madel. **113.11:** Shutterstock / © Creations. **113.12:** Fotolia / © aleciccotelli. **114/115:** Monika Kollmaier, Passau. **116 l.v.o.n.u.:** alle Fotolia: © Pawel Burgiel. © fovito. © Cobalt. © georgion88. **116 r. + 117.1:** alle: Monika Kollmaier, Passau. **117.2–4:** alle Fotolia: © Lonely. © Netzer Johannes. © ekina. **119:** Monika Kollmaier, Passau. **120 Junge trinkt:** ClipDealer / claudia Otte. **120 Wasserfall:** Fotolia / © T. Linack. **120 Erde:** Shutterstock / © leonello calvetti. **120 Brunnen in Afrika:** Fotolia / © jean claude braun. **120 Wäscherin:** picture-alliance / Bildagentur-o. **120 Badewanne:** Shutterstock / © david palau. **121 Elefanten:** Fotolia / © franzeldr. **121 Fischer:** Fotolia / © diego cervo. **121 Linderhof:** Fotolia / © traveldia. **121 Bewässerung:** Fotolia / © Ulrich Müller. **121 Taufe:** © epd-bild / Jens Schulze. **121 Bauer:** Mauritius images / Alamy. **121 Lastkahn:** Fotolia / © Fotolyse. **121 Swimmingpool:** Shutterstock / © altanaka. **121 Überschwemmung:** picture-alliance / dpa. **121 Dürre:** Fotolia / © photo 5000. **122.1:** Mauritius images / Flirt. **122.2–4:** alle Fotolia: © lichtbildmaster. © Christian Jung. © HLPhoto. **123.1:** Shutterstock / © YanLev. **123.2–3:** alle Fotolia: © etfoto. © photo 5000. **123.4:** action press / STOCKFOTO. **123.5:** © PEFC Deutschland e.V. **124.1–5:** alle Fotolia: © 3dmentat. © fotomatrix. © S.Külcü. © von Lieres. © by-studio. **125.1:** Fotolia / © Vjom. **125.2:** Fotolia / © Tsiumpa. **126:** Shutterstock / © bikerriderlondon. **127.1:** Okapia / BIOS / © Alain Berly. **127.2:** Imago / blickwinkel. **128.1:** picture-alliance / blickwinkel. **128.2:** Fotolia / © emer. **129.1:** Shutterstock / © Kevin Eaves. **129.2:** Imago. **130 Froschlaich:** Fotolia / © Sushi. **130 Wasserfrosch:** Fotolia / © mayerfranzgisela. **130 Entwicklung eines Frosches (7 Stufen):** Mauritius images / Alamy. **130 u.v.l.n.r.:** alle Fotolia: © DoraZett. © Peter Eggermann. © Markus Muhr. © Jörn Steiner. **131.1:** Fotolia / © Jörn Steiner. **131.2:** Imago. **131 u.v.l.n.r.:** Fotolia / © hfox. Mauritius images / Prisma. Fotolia / © Omika. Fotolia / © Bo Valentino. picture-alliance / blickwinkel. **132.1–5:** alle Fotolia: © ElisabethM. © poplasen. © BirgitMundtOsterwiec. © fuxart. © shootingankauf. **132.6:** Monika Kollmaier, Passau. **133 Rathaus, Gemeinderat, Portenkirche, Abwasserentsorgung, Karte, Wappen:** Josef Wimmer, Fürstenzell. **133 Bürgermeister, Sportplatz, Feuerwehr:** Monika Kollmaier, Passau. **138/139:** Monika Kollmaier, Passau. **140.1:** Fotolia / © thomas.andri. **140.2:** Huber Images / G. Simeone. **140.3:** akg-images / Bildarchiv Monheim. **141.1:** Imago. **141.2–3:** alle Fotolia: © Omika. © leungchopan. **141.4:** Mauritius images / Janusz. **141.5:** Shutterstock / © Oleg Senkov. **142.1–2:** alle Fotolia: © arkanoide. © ifh85. **142.3–5 + 143.1:** Monika Kollmaier, Passau. **143.2:** Hermann Krekeler: Spannende Experimente © 2000 Ravensburger Buchverlag Otto Maier GmbH, Ravensburg. **143.3:** Evelyn König, Zürich. **143.4–5:** Monika Kollmaier, Passau. **143.6:** Shutterstock / © Anton_Ivanov. **143.7:** Fotolia / © Ivan Kruk. **143.8:** Shutterstock / © Katoosha. **143.9:** Fotolia / © Irina Schmidt. **144.1–6:** Monika Kollmaier, Passau. **144.7:** Huber Images / H.P. Huber. **145:** Grundlage: Geodaten © Bayerische Vermessungsverwaltung: 580/15 **146.1–2:** alle Fotolia: © Simone Werner-Ney. © Ruediger Rau. **147 + 148.1:** Monika Kollmaier, Passau. **148.2:** © 2015 GeoBasis-DE / BKG (©2009), Google. **149.2:** Ausschnitt Autobahnkarte – Patrick Scholl –http: / / www.autobahnatlas-online.de / . **150.1+2:** © Falk Verlag, D-73760 Ostfildern. **150.3+151.1:** Grundlage: Geodaten © Bayerische Vermessungsverwaltung; 580 / 15. **151.2–6:** Andreas Willisch, München. **152.1–3:** alle Fotolia: © Wolfilser. © Manfred Karisch. © luca manieri. **152.4:** Shutterstock / © Bildagentur Zoonar GmbH. **152.5–6 + 153.1:** alle Fotolia: © ueuaphoto. © chiarafornasari. © Andreas P. **153.2:** Naturpark Nagelfluhkette. **153.3:** Shutterstock / © michelangeloop. **153.4 + 154.1:** alle Fotolia: © wolfgang70. © Phimak. **154.2:** Look. **154.3,5:** Huber Images / R. Schmid. **154.4:** Mauritius images / imageBROKER / litepics. **154.6:** © Likias Verlag, Friedberg. **155.1:** Fotolia / © protectnature. **155.2:** Interfoto / Allgöwer. **155.3:** Fotolia / © kaschwei. **155.4:** Imago. **155 Symbol Hotelbett:** Shutterstock / © Dragana Gerasimoski. **155 Symbol Wanderer:** Shutterstock / © Leremy. **156.1:** Laif / Toma Babovic. **156.2:** Imago. **156.3–6 + 157.1–3:** Bund für Umwelt und Naturschutz Deutschland e.V. (BUND), Berlin, vertreten durch das BUND-Projektbüro Grünes Band beim Bund Naturschutz in Bayern e.V. (BN), Nürnberg. **158.1+2:** © Stadtarchiv Passau. **158.3:** Monika Kollmaier, Passau. **159 Hochrad:** Süddeutsche-Zeitung-DIZ / imageBROKER / Rosseforp. **159 Ochsenkutsche:** Quelle: Archiv Eckerl / Sammlung A Weidinger. **159 Automobil, Rennrad, Bus:** alle Shutterstock: © Everett Collection. © Kenneth William Caleno. © Art Konovalov. **159 Motorradfahrer, Flugzeug, Intercity, LKW, Auto, Stau:** alle Fotolia: © lassedesignen. © senohrabek. © Kruwt. © industrieblick. © Jaak. © Gina Sanders. **160.1:** action press / TRAX. **160.2:** Interfoto / HERMANN HISTORICA. **160.3:** Culture-images / Lebrecht. **160.4:** Shutterstock / © Oliver Hoffmann. **160.5:** akg-images / bilwissedition. **160.6:** Interfoto / Sammlung Rauch. **160.7:** action press. **161.1:** Mauritius images / Flirt. **161.2:** Shutterstock / © lynea. **161.3:** Fotolia / © photo_world. **161.4:** VISUM / Thies Raetzke. **161.5:** Monika Kollmaier, Passau. **161.6:** Interfoto / Sammlung Rauch. **162.1–2:** Fotolia / © Africa Studio. **162.3:** VISUM / Panos Pictures. **162.4:** © TransFair e.V. **163.1:** Shutterstock / © Mars Evis. **163.2–3:** alle Fotolia: © frogstyle. © Kzenon. **163.4:** © OEKO-TEX®. **164.1–6:** Monika Kollmaier, Passau. **164 u.v.l.n.r. + 165.1:** alle Fotolia: © Meliha Gojak. © lucato. © megastocker. © artisan263. © avatar444. © Schulz-Design. **165.2:** Imago / Westend61. **165.3:** Süddeutsche-Zeitung-DIZ / Angelika Jakob. **165.4:** Fotolia / © fotos4u. **165.5:** Shutterstock / © Jim Parkin. **165.6–7:** alle Fotolia: © Anna Omelchenko. © Verkehrsmeister. **166.1:** picture-alliance / Foodcollection. **166.2:** Shutterstock / © Donald Gargano. **166.3–4:** alle Fotolia: © Jan Schuler. © vvoe. **166.5:** Monika Kollmaier, Passau. **167.1:** akg-images. **167.2:** Imago / imagebroker. **167.3:** Culture-images / ua. **167.4–5 + 168.1:** Jan Frommel, München. **168.2–5:** alle Fotolia: © anoli. © monticello. © chungking. © Lucky Dragon. **168.6–7:** alle Shutterstock: © John Kasawa. © iceink. **168.8:** Fotolia / © djama. **168.9:** Shutterstock / © arka38. **169.1–5 + 174.1–2 + 175.1–2:** Johann Jilka, Altenstadt. **179.1–3:** Fotolia / © reeel. **179.4–5 + 180.1:** alle Fotolia: © WoGi. © Teteline. Fotolia / © emer. **180.2:** Shutterstock / © gnatuk. **181.1–2:** alle Fotolia: © komplex. © Teteline. **181.3:** Mauritius images / imageBroker / Christian Hütter.

Textquellenverzeichnis

54/55: Kirsten Boie, Der kleine Ritter Trenk, Verlag Friedrich Oetinger, Hamburg 2006. **64:** Manfred Mai, So etwas sagt man doch. Aus: Mein erstes Mutmach-Bilderbuch, Vorlesegeschichten von Manfred Mai, Ravensburger Buchverlag Otto Maier GmbH, Ravensburg 1998. **181:** Josef Guggenmos, Ein Riese warf einen Stein. Aus: Josef Guggenmos, Was denkt die Maus am Donnerstag? © 1998 Beltz & Gelberg in der Verlagsgruppe Beltz, Weinheim/Basel

Eine Ausstellung machen

Ziel: anderen etwas vorstellen

Frage: Welches Thema wählen wir aus?

– Wir besprechen uns.
– Dann bestimmen wir das Thema.
– Wir gestalten Plakate / Kärtchen für Ausstellungsstücke / Tische / Raum,…
– Am Schluss laden wir andere zu unserer Ausstellung ein.

Gänse-blümchen

Eine Wissenstruhe füllen

Ziel: mein Wissen zum Thema aufschreiben oder malen und weitere Fragen sammeln

Frage: Was weiß ich schon? Was möchte ich noch wissen?

– Ich schreibe oder male, was ich schon zum Thema weiß.
– Ich schreibe oder male, was ich noch wissen will.
– Ich bespreche mit den anderen, was ich geschrieben habe.

Ein Lernplakat erstellen

Ziel: anderen die Ergebnisse z. B. einer Gruppenarbeit oder eines Vortrags präsentieren

Frage: Welche Informationen möchte ich den anderen zu meinem Thema vorstellen?

– Ich sammle in Zeitschriften, Büchern, im Internet … passende Materialien und schneide Bilder aus.
– Dann schreibe ich kurze Texte oder Überschriften.
– Ich suche mir eine Ordnung und lege die Bilder oder Texte auf das große Papier.
– Ich schreibe Überschriften und Zwischenüberschriften dazu.
– Am Schluss klebe ich alles auf.

Weniger ist besser. Das Plakat sollte nicht zu voll sein.

Über eine Arbeit nachdenken und sie bewerten

Ziel: das Ergebnis einer Arbeit genau anschauen und, wenn nötig, verbessern

Frage: Bin ich mit meiner Arbeit zufrieden? Sollte ich etwas besser machen?

– Wenn ich fertig bin, schaue ich mir meine Arbeit in Ruhe an.
– Habe ich geschafft, was ich erreichen wollte? Habe ich alles beachtet?
– Fehler bessere ich aus.
– Am Schluss bewerte ich mein Ergebnis.

TIPP: Frage jemanden nach seiner Meinung.

Eine Beobachtung machen

Ziel: etwas Bestimmtes (z. B. Tiere, Pflanzen, Gegenstände) sehr genau anschauen

Frage: Auf was möchte ich besonders achten? Was interessiert mich am meisten?

– Ich suche mir einen ruhigen Platz und konzentriere mich auf das, was ich beobachten möchte.
– Manchmal mache ich mir Notizen (Stichworte, Zeichnungen) dazu.
– Wenn es mir wichtig erscheint, beobachte ich an mehreren Tagen.
– Die Ergebnisse vergleiche ich.

Eine Skizze erstellen

Ziel: wichtige Eindrücke und Beobachtungen festhalten

Frage: Was ist mir am wichtigsten? Was möchte ich zeichnen?

– Ich betrachte und beobachte genau, was ich zeichnen möchte.
– Mit einem Bleistift male ich Form oder Umrisse auf das Papier.
– Wenn es mir nötig erscheint, beschrifte ich die Zeichnung noch.

Sammeln und ordnen

Ziel: etwas Bestimmtes (Dinge / Informationen, …) sammeln und ordnen

Frage: Was wollen wir sammeln?

– Wir bestimmen gemeinsam, was wir sammeln wollen (= Sammelidee).
– Dann sammeln wir.
– Wir überlegen: Wie wollen wir ordnen?
– Wir ordnen und schreiben dazu, wie wir geordnet haben.

Einen Versuch planen und durchführen

Ziel: etwas Bestimmtes herausfinden

Frage: Was möchte ich wissen? Stimmt meine Vermutung?

– Ich lege alle für den Versuch nötigen Materialien bereit.
– Dann notiere ich meine Vermutung.
– Ich führe den Versuch durch.
– Dabei beobachte ich sehr genau und mache mir Notizen.
– Dann halte ich das Ergebnis fest und vergleiche. Stimmt es mit meiner Vermutung überein?
– Wie erkläre ich mir das?

Immer die Sicherheitsregeln beachten.

Manchmal muss der Versuch wiederholt werden.

Stichwortzettel

Ziel: wichtige Gedanken aufschreiben oder zeichnen

Frage: Was möchte ich aufschreiben und mir merken?

- Was ist mir wichtig? Ich überlege genau.
- Ich notiere, was ich wichtig finde.

Einen Vortrag halten

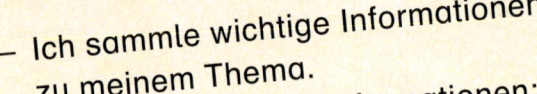

Ziel: andere informieren

Frage: Was genau möchte ich vortragen?

- Ich sammle wichtige Informationen zu meinem Thema.
- Dann ordne ich die Informationen: 1. … 2. … 3. …
- Das Wichtigste schreibe ich mir auf kleine Handzettel.
- Ich suche passende Bilder oder gestalte ein Plakat.

Eine Diskussion durchführen

Ziel: meine Meinung sagen und mit anderen Meinungen vergleichen

Frage: Worum geht es? Über was wollen wir sprechen?

- Jeder überlegt, was er sagen möchte.
- Wir sprechen nacheinander.
- Jeder hört dem anderen zu.
- Wir überlegen: Gibt es eine gemeinsame Lösung?

Eine Mind-Map erstellen

Ziel: viele Ideen zu einem Thema sammeln und notieren

Frage: Was fällt uns zu dem Thema ein?

- Wir bestimmen das Thema, z. B.:

Tiere

Dann malen wir Linien („Hauptäste") an den Kreis.

- An diese Linien zeichnen wir weitere „Äste" und ordnen dabei das, was zusammengehört.

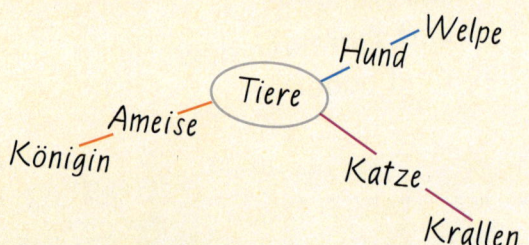

TIPP: Verschiedene Farben für die „Äste" verwenden.